Viva uma Vida de Prosperidade

Kenneth Thurston Hurst

Viva uma Vida de Prosperidade

Tradução
GILSON CÉSAR CARDOSO DE SOUSA

EDITORA PENSAMENTO
São Paulo

Título do original
Live Life First Class!

Publicado originalmente por Mountainvue Publication

Edição	Ano
1-2-3-4-5-6-7-8-9	94-95-96-97-98-99

Impresso em nossas oficinas gráficas.

SUMÁRIO

Para P.B., ... sempre

A vida é um sonho
um pouco mais coerente que muitos.

Pascal

Meu vizinho Ed Geller costuma aparecer aqui em casa de vez em quando.

Sucedeu que ele veio me ver justamente quando eu revia as provas deste livro. Naturalmente, perguntou qual era o tema. Depois de ouvir atentamente a explicação, perguntou:

— Você quer dizer que, se viver corretamente, Deus lhe paga a gentileza?

— Ed! — exclamei. — Você acaba de resumir numa frase o que precisei de um livro inteiro para expor!

Por isso registro a declaração de Ed logo no começo.

PRÓLOGO

Permita-me esclarecer como cheguei ao título deste livro [em inglês]: *Live Life First Class!* [Viva uma Vida de Prosperidade]. Eu passara as férias na Suíça e, chegada a hora de voltar, tomei um táxi até a estação a fim de apanhar o trem para Genebra, de onde voaria para Nova York. Ao desembarcar na estação, um carregador pegou minhas malas e perguntou:

— O senhor vai viajar de primeira ou de segunda classe?

— De primeira — respondi.

Ele me levou até a plataforma da estação e aconselhou:

— Fique exatamente aqui. É onde o vagão de primeira classe vai parar.

— Como sabe disso? — estranhei. — Ele sempre pára no mesmo lugar todas as vezes?

— Não, pára em lugares diferentes. Mas é meu trabalho saber onde pararão os diversos vagões de cada trem.

Esparramado na minha poltrona, a caminho de Genebra, eu disse para os meus botões: "Sim, a vida é mais ou menos isso."

Primeiro, você tem que visualizar onde param os vagões, depois onde pára o vagão de primeira classe, se for viajar nele. Em seguida, posicione-se para embarcar. Não é grande o esforço para fazer isso, mas terá de fazê-lo.

Viver uma vida verdadeiramente de primeira classe não exige tanto esforço extra assim. Requer apenas um esforço pequeno, que está ao alcance de qualquer um.

No mundo dos negócios, costumávamos dizer que um executivo bem-sucedido não precisa ser duas vezes mais esperto que seus colegas. Basta que seja dez por cento mais inteligente, tenha dez por cento mais de motivação e dez por cento a mais de ambição. Assim, ele chegará ao topo na hierarquia dos executivos. Isto é tudo, dez por cento a mais.

Sucede o mesmo com a vida. Levar uma vida baseada nos princípios esboçados neste livro não exige esforço duplo, mas apenas dez por cento a mais de esforço. E tudo fica mais fácil à medida que se avança. Você se acostuma, começa a pensar de determinada maneira e a disciplinar-se para agir de modo correto. Aprende como RENOVAR a vida "por meio da transformação da mente", como dizia São Paulo.

E quantas são as recompensas! É a diferença entre o dia e a noite, entre uma existência aborrecida e uma aventura sublime!

Henry David Thoreau afirmou que muita gente vive vidas de tranqüilo desespero. Este livro ensinará a você como destacar-se da massa, como levar uma vida mais feliz, mais saudável e mais próspera — em suma, como viver verdadeiramente uma vida de primeira classe!

Capítulo 1

O que este livro fará por você

Este livro mostra, numa linguagem simples e acessível, exatamente *o que* e *como* fazer para extrair o máximo da vida. Você aprenderá técnicas de fácil emprego que qualquer um poderá adotar *imediatamente* na vida diária.

Certa vez ocorreu-me que, na escola, ensinam-nos a ler, a escrever e a calcular, mas nada a respeito do problema mais importante de todos: *como viver*. Para que servem então as outras matérias se a mais importante — o viver — é ignorada? Não podemos fugir aos problemas diários da existência, essa é a verdade. No entanto, ninguém nos ensina como enfrentar os desafios da vida, nenhum professor nos transmite a arte de viver com êxito. E, assim, geração após geração cai no mundo completamente despreparada para se haver com ele — à exceção daquelas pessoas, muito poucas, que parecem apreciar o que a vida tem de bom para oferecer. Por que algumas pessoas são mais bem-sucedidas que outras? Mais felizes? Mais prósperas? Sem dúvida, dominaram a arte de viver.

Porque *existe* uma arte de viver. Como qualquer esporte ou *hobby* ela requer, primeiro, o aprendizado das regras básicas, depois sua aplicação. Nada mais simples.

Se você quisesse aprender a jogar golfe, por exemplo, não iria apenas comprar um jogo de bastões e correr ao campo mais próximo para dar suas tacadas. Não: primeiro leria um ou dois livros sobre o assunto, estudaria as regras. Em seguida, tomaria aulas com um professor de golfe e praticaria assiduamente até se sentir apto a jogar com os outros.

Considere também o *bridge*. Você se tornaria bastante impopular se teimasse em fazer uma parceria sem saber nada sobre o jogo, roubando assim o prazer de seu parceiro. Como no golfe, precisaria aprender as regras, depois pô-las em prática até elas se tornarem uma segunda natureza.

Viver com êxito é como aprender a dirigir. Nos velhos tempos da alavanca de câmbio, lembra-se de como treinava a mudança de marchas? Primeira... pé na embreagem... segunda, etc. Não se recorda também de quantas vezes "arranhava" as marchas, produzindo um chiado lastimável? Mas logo aprendeu a manobrar a alavanca com suavidade, o ato se tornou com o tempo uma segunda natureza e você não precisou mais concentrar-se no que estava fazendo.

Dá-se o mesmo com o melhor e mais requintado dos jogos: o nobre jogo de viver uma vida de primeira classe! Existem regras básicas para viver com êxito. Basta descobri-las e pô-las em prática. O conhecimento sem aplicação acumula poeira. Essas regras de vida são leis naturais básicas. Como a da gravidade. Até o aparecimento de Isaac Newton as maçãs não pararam de cair das árvores (o que prova que a lei da gravidade estava presente e funcionava muito bem, obrigado), mas ninguém se dava conta dela. Ninguém se preocupou em postular o que ela significava.

Um avião a jato cruzando os ares parece um espetáculo mágico aos olhos do homem primitivo que vive na floresta. Mas você e eu sabemos que não se trata de nenhum milagre: a aeronave desafia a lei da gravidade em virtude de outra lei natural, a da aerodinâmica. Sucede o mesmo com as leis do viver. Ele segue uma lei natural tão velha quanto as montanhas: a lei do carma. É simples: o que você dá, você recebe. Grandes mestres nos ensinaram isso. São Paulo não disse: "O que o homem semear, colherá"? Até a moderna terminologia dos computadores tem uma frase-padrão: "entra", "sai". Em outras palavras, a vida é um espelho. Reflete aquilo que nele projetamos.

Uma vez entendido esse fato simples, ele pode revolucionar toda a nossa visão da vida. Compreendemos que somos responsáveis por aquilo que acontece conosco. Como o poeta W. E. Henley declarou, "Sou o Senhor do meu Destino, sou o Capitão da minha Alma". Uma vez mais, tudo o que acontece conosco, tudo o que entra em nossa vida, coisas boas ou más, é o *resultado* da nossa própria maneira de pensar e agir. Nada mais simples.

"Quê?", ouço você dizer, "Está brincando? Estar desempregado e sem dinheiro não é apenas um golpe vil do destino?"

Não. Ninguém tem culpa, só nós mesmos. Não existem álibis. Nem desculpas. Quando começamos a refletir sobre isso, a coisa faz bastante sentido. É que, então, tudo se explica. Por que certas pessoas se saem bem e outras se saem mal? Por quê? Afinal de contas, não há sentido em Deus ter favoritos. Por qual razão favoreceria uns em detrimento de outros? Isso só começa a fazer sentido, a se encaixar no devido lugar, quando começamos a compreender a lei do carma. É a lei original das boas notícias/más notícias.

"Muito bem, mas como funciona essa lei do carma?"

É simples: tudo o que pensamos ou fazemos provoca uma reação.

"Até os pensamentos?"

Até os pensamentos. Imagine-os sob a forma de flechas. Cada pensamento é disparado numa direção e terá de cair em algum lugar. Não poderá desaparecer no limbo. Não; cada pensamento que cruza a nossa mente, fraco ou forte, gera uma vibração e essa vibração provoca um efeito.

Obviamente, pensamentos fortes resultarão em efeitos fortes, em especial se forem sustentados e repetidos por certa extensão de tempo. Então, gerarão uma energia considerável.

Cedo ou tarde, o efeito desses pensamentos vigorosos afetará nossas circunstâncias externas.

"Por quê?"

Porque, conforme os cientistas nos ensinam, vivemos dentro de um campo eletromagnético. Cada um de nós está rodeado por um campo de energia magnética. Quando projetamos pensamentos nesse campo de energia magnética, influenciamo-lo, fazemos com que suas moléculas avancem para o pólo positivo ou para o pólo negativo. Se nossos pensamentos forem negativos, tingiremos *negativamente* o ambiente que nos cerca e não devemos nos surpreender se coisas negativas começarem a acontecer. Você já não teve dias em que tudo parecia dar errado? Quando saía às pressas, o carro não pegava e, se pegava, o trânsito como que se esmerava em atrapalhá-lo. Ao caminhar pela calçada, todas as pessoas esbarravam em você. Com o correr do dia, as coisas iam ficando de mal a pior. Sim, todos tivemos dias assim. O que acontece é isto: dirigimos nossas moléculas mentais para uma direção negativa e cada minúsculo estímulo negativo agrava a situação, pois imprimimos às vibrações mentais que nos cercam uma carga mais e mais negativa. Não é de estranhar que as coisas piorem para nós!

Mas a lei da atração — que é realmente o que acontece, porque estamos atraindo acontecimentos negativos para a nossa experiência — felizmente funciona em duas direções. Podemos endireitar as coisas à nossa volta, dar-lhes uma direção positiva e pô-las a trabalhar *para* nós — e não *contra* nós.

"Como fazemos isso?"

Muito simples. Diga com firmeza: "Vou limpar minha mente de todas as vibrações negativas." Imagine-se a apagar um quadro-negro. "Doravante, só coisas boas, alegres e *positivas* penetrarão em meu ambiente." Diga isso, com convicção, duas ou três vezes para que esses conceitos realmente se imprimam em seu subconsciente. Assim, estaremos ensinando o subconsciente a reagir positivamente à vida que nos cerca e projetando vibrações positivas em nossa atmosfera mental. Não importa o que aconteça, ver-nos-emos a *reagir* positivamente de maneira automática.

Afinal, o que nos acontece nunca é tão importante quanto nossa *reação* ao que acontece. Shakespeare disse: "Não há coisas boas nem más, o pensamento é que as faz assim."

Este livro não é uma varinha de condão. Nada é de graça. Nos meus tempos de editor, chamávamos a esse tipo de obra um livro de "auto-ajuda". Vendemos muitos deles pela mala direta. E logo descobrimos uma coisa interessante: certas pessoas pediam-nos um após outro, de sorte que nossos melhores compradores em perspectiva eram aqueles que já haviam comprado os títulos anteriores!

Ora, se essas pessoas continuavam a comprar esses livros, é claro que não tinham ficado satisfeitas com os que já haviam lido. Penso que, se o leitor não obtém os resultados desejados, põe a culpa no livro; não compreende que, para tanto, precisa fazer algum trabalho mental. Mas não, a culpa é do livro, e, se ele não funcionou, talvez o próximo funcione. E assim essa gente não pára de adquirir novos livros.

Desejo sinceramente, caro leitor, que você não aja dessa forma. Porque nem este livro nem outro qualquer mudará a sua vida *a menos* que você faça um esforço para pôr em prática os princípios aqui esboçados. Você poderá ler todos os livros sobre golfe que quiser, todos os livros sobre *bridge* que lhe caírem nas mãos... se não criar coragem, se não for a um campo de golfe, se não se sentar à mesa de *bridge,* jamais será considerado um verdadeiro jogador. É como ler um livro sobre natação: a certa altura, você terá de cair na água e começar a dar braçadas da melhor maneira possível. O mesmo se passa com a vida. Não basta ler este livro. É preciso usá-lo. Idealmente, você poderá compulsá-lo como um guia para a vida prática. Consulte-o, digamos, todos os meses por cinco ou dez minutos, a fim de absorver seus princípios.

O ponto mais importante, porém, é que nem este nem outro livro qualquer lhe ensinará fórmulas mágicas, encantamentos místicos que transformarão a sua vida. Não é assim que as coisas se passam.

Há um antigo provérbio português de pescadores que reza: "Peça a Deus, mas faça-se ao mar." Em outras palavras, temos de contribuir com a nossa parte. Entender a lei da gravidade é uma coisa; mas para vê-la em ação é preciso subir a um monte e jogar de lá uma bola.

"Deus ajuda a quem cedo madruga" é outro provérbio verdadeiro.

Uma advertência: convém não cometer o engano de acreditar que, se nos tornarmos "espiritualistas", automaticamente ganharemos fama, fortuna, amor e todas as boas coisas da vida. Talvez sim e talvez não. E poderemos até conseguir tudo isso sem conseguir conservá-lo.

Por quê? Porque estamos no mundo, neste plano de experiência, para aprender certas lições. A Universidade da Vida: eis como a chama o reverendo Domenic A. Polifrone, dinâmico ministro da *Church of Religious Science.*

E isso nos leva ao próximo capítulo...

Capítulo 2

A Universidade da Vida

A vida terá mesmo alguma significação? Sem dúvida; do contrário, não faria sentido. Quando, à noite, olhamos para o céu e vemos as estrelas e os planetas em suas órbitas constantes, percebemos que deve haver uma inteligência suprema por trás disso tudo que é responsável pela marcha regular do universo e de milhões de outros universos que a mente humana não consegue abarcar.

O filósofo John Locke declarou que, se não houvesse Deus, teríamos de inventá-lo.

E John Stuart Mill observou que até os povos primitivos acreditam em alguma espécie de poder superior. O mesmo Mill terminou por postular que, obviamente, o primeiro ato de um Ser supremo seria imprimir o fato de sua existência no coração dos homens.

Quer você acredite ou não em Deus ou num Poder Superior, terá de reconhecer que existe um sistema organizado no universo. Não é preciso mais que olhar à volta e notar que a Natureza segue um padrão fixo, com as quatro estações se sucedendo anualmente. Tudo isso aponta para a elevada probabilidade de que, se existe uma ordem no curso das estrelas e planetas, bem como nos fenômenos recorrentes da Natureza, então deverá haver também uma ordem e significação semelhantes em *nossas* existências.

"Mas quais?", dirá você.

Bem, não é difícil percebê-las. Toda religião, à sua maneira, tenta responder a essa pergunta. Até os cientistas têm teorias sobre sistemas de evolução, considerando a humanidade a derradeira expressão da força vital. Basta olhar à volta para concluir que, na Natureza, a senha é "mudança". Ao longo da história, nada permanece inalterado; impérios surgem e desmoronam, as glórias de ontem são as cinzas de hoje. Tudo muda. E o que significa isso para nós? Simplesmente, que essa maré perpétua de energia nos negócios humanos segue uma política — chamemo-la de evolução.

Se examinarmos de perto o curso total da história humana, seremos inexoravelmente forçados a admitir que a vida tem uma significação. O padrão é evidente. Neste planeta minúsculo, temos de estar juntos. O general Jan Smuts disse certa vez que o padrão da raça humana vai da família à tribo, da tribo à cidade-Estado, da cidade-Estado à nação e da nação aos grandes impérios. Atualmente, temos três blocos no mundo: o americano, o russo e o Terceiro Mundo. É inevitável que, no espaço de uma geração ou duas, tenhamos um mundo unificado. A Europa de hoje está unida economicamente, o que era impensável há quarenta anos.

Sim, existe uma finalidade espiritual no universo e uma significação espiritual na nossa vida. E essa significação é clara: estamos neste plano de experiência para aprender e crescer. Você bem poderia chamá-lo de Universidade da Vida.

"E o que acontece quando nos formamos?", pergunta você.

Bem, então não há dúvida de que passamos a outro mundo, como fazem os graduados da faculdade. A experiência, porém, não cessa nunca. Enquanto isso, vamos aprendendo nossas lições por aqui.

Neste ponto, a nossa velha conhecida, a lei do carma, entra em cena novamente. Ela nos propicia uma repetição de experiências *até que* possamos extrair-lhes as lições. Depois, não precisamos mais passar por essas experiências. De forma que, contrariamente ao que se pensa, o carma *não é* um castigo, mas um processo educativo graças ao qual podemos aprender as lições básicas da vida.

Inseparável da lei do carma é o fato da reencarnação. "Como sabe que a reencarnação é um fato?", pergunta você. Porque tudo aponta para isso. Todos os anos, a Natureza nos fornece um exemplo claro: no inverno tudo parece morto e frio, as árvores estão infecundas, a vida se foi. Mas vem a primavera e assistimos ao milagre da ressurreição, da vida se reafirmando, da Natureza nascendo de novo. Vemos as árvores e plantas reflorescendo para explodir em todo o seu viço no meio do verão. Mas o outono se aproxima, as folhas descoram e secam — e tudo parece morrer outra vez.

Outro exemplo de reencarnação nos ocorre a cada vinte e quatro horas, quando nos deitamos e nossos corpos, imóveis, perdem a consciência. No entanto, retornamos a eles todas as manhãs e reassumimos nossas identidades. Não será isso uma morte aparente?

Os egípcios acreditavam que o sol era o símbolo do Criador do Universo, uma janela espiritual para a galáxia, e cultuavam-no como a fonte de toda vida. Mas o deus-sol Rá morria diariamente à tardinha, quando mergulhava no horizonte, para reaparecer triunfalmente na manhã seguinte, do lado oposto. Para os egípcios, o sol viajava durante a noite pelas regiões abissais do Hades. Não teremos aí, outra vez, mais uma manifestação da continuidade da vida?

Hoje, afirmam os cientistas que ao fragmentarem o átomo chegam à menor partícula determinável, que é a *energia*. E a energia não pode ser eliminada. O carvão provém das cinzas seculares de madeira enterrada profundamente no solo, é queimado em nossas lareiras, transforma-se em calor e fumaça... e de novo as cinzas são sepultadas na terra. A energia do carvão continua a existir sob formas diferentes.

Não mencionaremos os inúmeros exemplos de pessoas que alegam recordar-se de vidas anteriores. Mas, do ponto de vista meramente lógico, setenta anos são obviamente insuficientes para aprendermos tudo o que precisamos aprender. Temos de voltar aqui de tempos em tempos para dar seqüência à nossa educação.

No espaço de uma vida, aprendemos as nossas lições e aperfeiçoamos o nosso caráter. Eis como se passam as coisas. Eis por que estamos aqui.

No próximo capítulo veremos como transformar a vida, de existência mundana em aventura sublime.

Capítulo 3

O poder do pensamento

Até aqui, delineamos a filosofia sobre o que é a vida e por que estamos neste mundo. Agora, veremos como extrair o melhor da nossa existência e como viver uma vida mais alegre, mais saudável e mais próspera.

Os pensamentos são coisas. Sim, todo pensamento que cruza nossa mente é um mensageiro que emitimos para o campo magnético à nossa volta. Estamos sempre projetando pensamentos, quer o saibamos, quer não. Projetamo-los *passivamente,* como palha solta ao vento, ou *ativamente*, quando os controlamos. Durante grande parte do tempo, a maioria de nós pensa apenas passivamente. É como receber o serviço num jogo de tênis. Mas hoje o jogo de tênis, o grande jogo, vencem-no os campeões que têm formidável controle de seu serviço. Eles controlam amplamente o seu jogo e nós também podemos controlar o nosso, que é o jogo da vida, se controlarmos nosso serviço, ou seja, nossos pensamentos ativos.

Ralph Waldo Emerson disse: "Muitas pessoas só pensam uma ou duas vezes por ano. Se eu pensar vinte e quatro vezes por ano, isso fará de mim um gênio." O que ele queria dar a entender, evidentemente, é que a maioria das pessoas pensa *ativamente* talvez uma ou duas vezes por ano. Pois bem, aprendendo a pensar ativamente um pouco a cada dia, você verá sua vida transformada e começará a atrair para ela todas as coisas boas e bonitas que merece.

Segundo São Paulo, "Se as coisas forem nobres e belas, e verdadeiras, *pensai nelas*." Ele queria dizer que atraímos aquilo em que pensamos.

Para Emerson (você já deve ter reparado que há neste livro inúmeras citações de Emerson e de São Paulo. É que ambos são tão citáveis!), "O homem é, em grande parte, aquilo que pensa ao longo do dia". E a Bíblia ensina: "O que um homem pensa no seu coração, isso ele é" (Prov. 23:7, Versão do rei Jaime).

Então, como opera esse poder do pensamento? Recuemos um pouco. Algo criou este universo. Muitas pessoas chamam-no de Deus. E a Bíblia esclarece que o homem foi criado à imagem e semelhança de Deus. Ora, se Deus é o Criador supremo, que tudo fez à nossa volta sem nos excetuar, e se somos feitos à Sua imagem e semelhança, com certeza devemos possuir, até certo ponto, esse mesmo poder de *criatividade*. E possuímos. Basta atentar para o grande número de artistas criativos que nos proporcionaram tantas obras na música, na pintura, na escultura, na poesia, etc. Eles são indubitavelmente seres criativos, criadores no seu ramo.

O mesmo poderemos fazer na nossa esfera, a esfera da vida diária: dominar a arte de viver. É como ser o autor do roteiro, o diretor e o produtor de um filme — um filme que estrelamos. Assim, graças à força do pensamento, *podemos* criar nossas próprias circunstâncias. Se não estamos satisfeitos com a nossa vida, *podemos* mudá-la.

"Um momentinho aí", interrompe você, "e quanto às outras pessoas que participam da nossa vida? Não vai dizer que podemos transformá-las em simples marionetes!"

Não, isso *não* é possível. Mas *podemos* transformar o nosso relacionamento com os outros e a nossa reação ao papel que eles desempenham, de sorte que, nessa medida, nós *somos senhores* do nosso destino, podendo reorientar e reconstruir a nossa vida.

Capítulo 4

Ame os seus inimigos

Isso os deixará malucos!

Os relacionamentos humanos constituem um dos problemas mais espinhosos no caminho da vida. Podemos nos desviar dos problemas que eles apresentam; isso não é uma solução, os problemas não vão desaparecer. Mas eis aqui um método infalível para enfrentá-los.

A vida é um bumerangue. Aquilo que lançamos, volta para nós. Assim, se abrigarmos pensamentos de ódio, má vontade e ressentimento, será o mesmo que recolher uma serpente venenosa ao seio. Semelhantes sentimentos ulcerarão e, cedo ou tarde, contaminarão a nossa condição física. Portanto, de um ponto de vista prático, nada ganhamos odiando nossos inimigos. Apenas nos ferimos.

"Você não conhece o filho-da-mãe com que tenho de lidar", desabafa você. "Se soubesse o que ele me fez, blá, blá, blá..."

Não importa quem fez o quê a quem. Só há uma solução, chamada "perdoar". Nada mais funciona.

Por isso Jesus disse: "Dê a outra face." Conselho bastante prático, muito melhor que "olho por olho, dente por dente". Pessoas vinham tentando isso por milhares de anos, sem êxito. Então surgiu Jesus com um novo mandamento, conclamando: "Ama o teu próximo como a ti mesmo." O Mahatma Gandhi amava tanto seus inimigos, os britânicos, que estes não puderam suportá-lo e abandonaram a Índia. Há dois mil e quinhentos anos, Gautama Buda demonstrou que, se abrirmos espaço na nossa mente para amargos pensamentos negativos de queixa ou ressentimento contra aqueles que nos maltratam, nunca seremos livres e jamais encontraremos paz.

Não há nada mais trágico que observar alguém alimentando um ódio por anos a fio. O ódio amplia as coisas para além da verdadeira dimensão e corrói o íntimo da alma humana.

Tente, pois, o caminho inverso. A estrada certa. Pense nos inimigos que lhe querem mal com tolerância, compreensão e boa vontade. Veja-os como eles são, sem rancor. Examine suas qualidades; todos têm *alguma* qualidade. Seja objetivo. Seja imparcial. O que você poderá apreciar neles? E nas suas meditações e preces, envie-lhes sentimentos de boa vontade. Lembre-se do dito célebre de Will Rogers: "Nunca encontrei um homem de quem não pudesse gostar."

Ao mesmo tempo, se achar que eles estão emitindo sentimentos de ódio contra *você,* envolva-se mentalmente na sagrada luz alva que o protege e através da qual nenhum dano pode insinuar-se. Incidentalmente, se mantiver a prática de enviar boa vontade a seus inimigos, logrará observar um interessante desdobramento: talvez descubra que o comportamento deles para com você está mudando, tornando-se mais amistoso. Afinal de contas, são precisos dois para dançar um tango!

Não há força maior no mundo que a do amor. O amor é o supremo poder mental. É como um mastro: a extremidade inferior está enterrada no prazer animal; mais para o meio reflete o amor pessoal à moda de Hollywood (que tem arrastado inúmeros jovens a casamentos prematuros, fadados ao divórcio); um pouco acima, o amor exclusivo, tipo mais aprimorado de sentimento semelhante ao princípio das almas gêmeas; quase em cima encontramos aquilo que os gregos chamavam de *agape,* que significa tolerância e boa vontade para com todos; e finalmente, no topo, a sábia qualidade da compaixão para com a humanidade inteira, que leva o adepto a reencarnar repetidamente a serviço dela. Eis aí o grande objetivo a que todos podemos aspirar. Caso pareça um sonho impossível, lembremo-nos de que ele *já foi* atingido; portanto *é* possível. Se em meio aos tropeços e tribulações da nossa busca na Terra o caminho parecer longo e áspero, consolemo-nos na certeza de que também essa é uma rua de mão dupla, de que, enquanto procuramos o Poder Supremo, também Ele se mostra receptivo e nos atrai, como o ímã atrai o ferro.

Se nosso desejo de atingir o objetivo for irresistível e nele pusermos a nossa fé, cedo ou tarde completaremos a grande tarefa da nossa vida na Terra.

Conforme Emerson assinalou elegantemente: "O bem do homem é grato ao coração do Ser."

Capítulo 5

Qual é o seu problema?

Platão disse que todo problema já traz em si a sua solução. Mais: que é como uma moeda de duas faces, onde não se pode ter uma sem a outra.

Mas por que temos problemas, afinal? Por que Deus permite que eles existam? Ah, eis a questão. Sem problemas, a vida teria pouquíssimo significado; nós apenas arrastaríamos uma existência bovina.

Minha adorável filha chinesa, Suk Fun, informa-me que a palavra em chinês para "problema" é a mesma que para "oportunidade".

Depois de compreendermos que somos todos estudantes na Universidade da Vida, tudo começa a se encaixar. Problemas são desafios por meio dos quais evoluímos. Sem eles, como aprenderíamos nossas lições? Assim como o aço tem de ser temperado no fogo para não se tornar quebradiço, assim nós precisamos ser temperados no cadinho das experiências da vida.

Considerando o fato por esse prisma, vemos que problemas não passam de *oportunidades;* a forma como reagimos a eles e os enfrentamos determina quão rapidamente progredimos na escola da vida.

"Está tudo muito bem", diz você, "mas os meus problemas costumam ser dificílimos, às vezes francamente dolorosos."

Certo, meu amigo; mas, se não fossem, teriam alguma significação real? É só quando os problemas causam impacto em nós que lhes damos atenção, eles são sinais que chamam a nossa atenção.

Mas aqui está um pensamento reconfortante. Deus nunca nos manda um problema cuja solução estivesse além de nossas capacidades. Por que agiria assim? Isso não faria sentido. Os problemas existem, não como castigos, mas como oportunidades de aprendizado, de sorte que nunca recebemos mais do que aquilo com que podemos nos haver. Todo problema traz embutida a sua solução.

Como encontraremos essa solução? Bem, além de usar todas as abordagens normais — intelecto, mente, raciocínio, etc. —, nunca devemos negligenciar a ajuda do Poder Supremo por meio da prece e da meditação. Isso pode superar *todos* os obstáculos. "Para Deus nada é impossível."

Certamente, não são apenas as grandes aflições que irrompem em nossa vida. Existem também aquelas apoquentações diárias que infernizam as pessoas, como cólera, culpa, impaciência, medo. Seguem-se alguns conselhos específicos para ajudar você a combater e a superar esses aborrecimentos:

Cólera? Respire lenta e profundamente, isto é, exatamente o contrário do que faria uma pessoa agitada.

Ao mesmo tempo, pergunte a si mesmo: "Quem está sentindo cólera?" Tente ficar de lado e tornar-se um observador, em vez de um participante. É técnica garantida para dissipar a cólera. Experimente-a!

Culpa? É facílimo mergulhar na auto-recriminação. Todos fazemos isso. Mas existe uma cura fácil e rápida. Pare de remoer, esqueça o passado. Pense *agora*. Conforme disse São Paulo, "Esquecendo as coisas que ficaram para trás, apresso-me em alcançar a meta".

Impaciência? Nesse caso, use os freios. Esfrie! Literalmente, force-se a ir devagar — pense devagar, movimente-se devagar. Se acelerar para ultrapassar um sinal que está mudando para o vermelho, castigue-se contornando o quarteirão e voltando ao mesmo ponto. Você aprenderá!

Medo? Talvez o pior dos diabretes. Felizmente, o medo pode ser banido recorrendo-se a uma técnica muito simples. Devemo-la a Ralph Waldo Emerson: "Faça aquilo que teme e a morte do medo é certa." Sim, a ação é a chave para a eliminação do medo. Este prevalece mais às três horas da madrugada, quando estamos deitados, indefesos, na cama. Mas vem a manhã e ficamos ocupados demais para entreter esse convidado indesejável.

Da próxima vez que você se defrontar com um problema, volte o pensamento para o lado *positivo*. Saiba que a solução existe. Não hesite em pedir a ajuda do Poder Supremo: "Pedi e recebereis." Escolha, pois, a estrada ascendente. Ponha as rodas positivas em movimento. Disponha-se a ostentar o seu Melhor Eu, pois assim aliciará a ajuda de forças poderosas: "Se Deus é por nós, quem será contra nós?"

"Deus está no céu e tudo vai bem no mundo", escreveu o poeta Robert Browning. Sim, se pudéssemos ver por trás das aparências, *saberíamos* que Deus de fato comanda o espetáculo como um supercomputador espiritual. E todas as coisas que nos acontecem, acontecem para o melhor — se as *fazemos* acontecer para o melhor!

Capítulo 6

A vida é um espelho

Aquilo que você vê é aquilo que você recebe. Tem de ser assim, pois a vida reflete de volta a você o que você é, tal qual você pensa. Olhe então ao seu redor. Você gosta do que vê? Você criou as suas circunstâncias. Ninguém mais é responsável. Você pode achar isso duro de engolir, mas é verdade. Nós fazemos o nosso mundo. Sem álibis, sem desculpas.

Os hindus chamam a isso a lei do carma, a lei de causa e efeito. E São Paulo pontificava: "O que o homem semear, colherá."

A vida é como um computador. Estamos constantemente programando-o — para melhor ou para pior. Aquilo com que o alimentamos acaba voltando para nós.

A boa notícia é que, se não nos agradam nossas atuais circunstâncias, podemos fazer algo a respeito! Porque Deus nos assegurou o dom inestimável da *escolha*. Estamos capacitados a escolher o tipo de pessoa que queremos ser, o tipo de vida que queremos levar.

Sempre temos uma escolha. Se você entra numa floricultura, pede uma dúzia de rosas mas não gosta de sua aparência, pode mudar de idéia e dizer: "Oh, acho que prefiro tulipas." Sem problemas. A vendedora pode lançar-lhe um olhar atravessado, mas você trará as tulipas. Você pede o que quiser.

O mesmo acontece com a vida. Você tem a possibilidade de escolher o que quiser — desde que seja moral e ético. Por que, então, não escolher o *melhor*? Mire alto. Há um provérbio popular que reza: "Hoje é o primeiro dia do resto de minha vida." Cada manhã é um recomeço. Cada dia surge novinho em folha.

Emerson disse: "O entusiasmo é o motor possante do sucesso." Por que, então, não saudar a alvorada com entusiasmo?

"Mas, e se eu não me sentir entusiasmado?", pergunta você.

A solução é simples: *finja* que está entusiasmado, aja com entusiasmo e em breve sentirá essa velha emoção correndo pelas suas veias e desanuviando o seu semblante. A palavra entusiasmo vem do grego *en-theos* e significa "estar em Deus". Não é magnífico?

E mais ainda, você atrairá coisas boas para a sua vida diária porque então emitirá vibrações *positivas*. Lembre-se: o que você dá, você recebe. Não há escapatória. Por isso, mais vale tirar partido dessa regra. Lance o seu melhor *olhar* à frente — e a vida o refletirá de todos os lados!

Capítulo 7

A lei da atração

Trata-se de uma lei muito simples, como a da gravidade. E funciona com a mesma eficiência. Em poucas palavras, você obtém aquilo que é objeto dos seus pensamentos. A lei é tão simples que o fato de ninguém percebê-la causa espanto.

Na escola, ensinam-nos que os opostos se atraem. Mas na vida real é diferente. O semelhante atrai o semelhante. Você atrai o que você é, o que você pensa.

A lei da atração constitui-se, realmente, na chave para todas as outras leis. Por exemplo, a lei do carma, a lei de causa e efeito, da colheita do que se plantou, *é resultado* de seus pensamentos e ações. No entanto, num primeiro momento, foi a lei da atração que fez você praticar aquelas ações!

"E como funciona a lei da atração?"

Muito simples. Nós existimos dentro de um campo eletromagnético. Quando pensamos positivamente, carregamos esse campo de vibrações positivas. Mas, quando pensamos negativamente, carregamo-lo de vibrações negativas.

É difícil manter a mente no "neutro". A maior parte do tempo, emitimos vibrações positivas ou negativas.

Vale repetir: quando projetamos positivamente, atraímos para nós circunstâncias *positivas*. E vice-versa.

Você poderá, a qualquer tempo, colocar a força da atração trabalhando para você, a fim de influenciar os acontecimentos em seu favor.

A melhor maneira de ilustrar isso é dar alguns exemplos pessoais, tirados da minha experiência:

Um domingo à noite, cerca de 22 horas, eu voltava para casa de Nova York quando, nas imediações do acesso à ponte George Washington, caí num buraco da pista. *Bam!* Era uma das minhas calotas voando. Freei o carro e comecei a procurar a calota (o que não é muito seguro em se tratando da rodovia West Side, mas não parei para pensar). Pois bem, não achei *a minha* calota, mas outras duas perfeitamente iguais a ela! Ao cruzar a ponte George Washington, comecei a ouvir um som de mau agouro, *tunc, tunc, tunc*... Não sabia bem o que estava errado, mas achei melhor averiguar o mais rápido possível. E percebi que o melhor seria fazer algum trabalho mental para assegurar que meu carro, Constanza, e eu saíssemos sãos e salvos da situação. Assim, afirmei convictamente para mim mesmo: "Apesar das aparências em contrário, Constanza e eu estamos totalmente protegidos e seguros. O que tiver de ser consertado vai ser consertado e logo chegaremos em casa para dormir em nossa cama (e garagem) esta noite!"

Agarrei-me fortemente a essa idéia. Ao sair da ponte para a Estrada 9W, procurei em vão um posto de gasolina aberto. Finalmente, avistei um mais abaixo, manobrei, desci do carro e notei que o pneu traseiro esquerdo estava completamente vazio. Perguntei ao frentista se ele poderia trocá-lo para mim.

— Já estou fechando — respondeu.

— Mas eu ficaria imensamente grato se o senhor me fizesse esse favor.

— O senhor não compreende — disse ele —, se as pessoas virem minhas luzes acesas aparecerão para reabastecer e eu nunca terminarei a troca do seu pneu nem conseguirei chegar em casa esta noite.

— Mas eu também quero chegar em casa! — exclamei, dando prosseguimento à conversa. Subitamente:

— Farei isso para o senhor — concordou ele.

O homem trocou o pneu rapidamente, agradeci o excelente trabalho e passei-lhe uma nota de dez dólares.

— Mas é muita coisa! — espantou-se o rapaz, que era pessoa modesta.

— Não; o que eu quero é demonstrar-lhe a minha satisfação, agradecer a ajuda que me prestou e encorajá-lo a ajudar outras pessoas em apuros.

E foi assim que Constanza e eu chegamos tranqüilamente em casa. No dia seguinte, voltei para apanhar o pneu furado, que já fora consertado, e contei ao dono do posto o que seu jovem mecânico fizera por mim. Espero que isso o tenha beneficiado.

O ponto em que quero insistir, no entanto, é este: logo ao constatar que algo estava errado, imediatamente pus em ação o meu pensamento positivo e afirmei que tudo acabaria bem. Fiz isso silenciosa e calmamente, mas cheio de convicção.

Como se vê, não podemos evitar que acontecimentos desagradáveis sobrevenham em nossas vidas, como pneus furados, mas somos *capazes* de controlar nossas reações a eles e, carregando positivamente as vibrações à nossa volta, de amenizar-lhes os efeitos — para, toda vez, firmarmo-nos novamente. O segredo é pôr em ação, *imediatamente*, as vibrações positivas. Nunca dê largas a impulsos negativos.

Incidentalmente, faz anos que não sou surpreendido na estrada por pneus furados. Quase sempre os descubro na garagem, na manhã seguinte, quando basta telefonar para a borracharia próxima e pedir que alguém venha trocá-lo. Como o leitor percebeu, eu não *espero* ficar detido em plena estrada por nenhum tipo de problema. Lembre-se de duas coisas: utilize a técnica de envolver o seu carro numa redoma de luz alva, a fim de prevenir danos a ele e a você; faça isso mentalmente logo ao sentar-se ao volante. E faça a afirmação de que você e o carro chegarão sãos e salvos a seu destino.

Por que luz *alva?* Porque isso é o mais perto que podemos chegar da visualização do Poder Supremo. Pense nessa luz como a manifestação de Deus, se quiser. Ela não tem contornos, nem forma, nem cor. É *pura*. O Evangelho de São João abre com uma referência à luz que brilha nas trevas. São Paulo avistou um "clarão que vinha do céu" na estrada de Damasco. Muitos místicos e diversas experiências de pessoas à beira da morte falam de um luminoso ser celestial. Assim, associamos a luz à essência física de Deus. E podemos invocá-la mentalmente para nos proteger e a nossos bens. Podemos visualizá-la envolvendo pessoas queridas que estão doentes.

Uma afirmação com forte concentração ou uma prece positiva costumam produzir resultados quase *instantâneos*. No entanto, a mesma eficácia podem apresentar uma disposição de espírito, uma atitude ou um pequeno desejo, caso sejam sustentados por um período suficiente de tempo. Por exemplo, nasci e fui criado na Inglaterra, onde a arquitetura em estilo Tudor era muito difundida. Certo dia, disse para mim mesmo que gostaria de ter uma casa assim. Na verdade, não estou bem certo de ter dito isso realmente, mas sei que apreciava esse estilo. Depois da Segunda Guerra Mundial, vim morar na América. Bem, é forçoso admitir que não existem muitas casas em estilo Tudor nos Estados Unidos; de sorte que eu não poderia ter grandes esperanças de encontrar uma. Mas foi o que aconteceu! E a casa tinha até arremedos de gelosias!

Moral da história: "Cuidado com o que você deseja, pois pode vir a obtê-lo!"

Sendo um executivo atarefado, freqüentemente rabisco lembretes para mim mesmo em pedaços de papel e meto-os no bolso. Em casa, ponho-os na gaveta para consultá-los no dia seguinte. Criei o hábito de lembrar-me de reabastecer o carro escrevendo abreviadamente: "Pôr gás!" Bem, pus mesmo. Logo comecei a sentir dores no peito. Telefonei então para a minha médica espiritual favorita, Alma Tesch, e contei-lhe o meu problema. Ela disse: "Bom, como você sabe, não podemos fazer diagnósticos, mas eu também, recentemente, tive essas mesmas dores. Eram gases." Sugeriu que fizéssemos juntos uma prece positiva. Alma afirmou: "Você está gozando de perfeita saúde. Seu corpo vibra intensamente de saúde exuberante. Cada órgão, músculo e célula está em harmonia, trabalhando conjuntamente para seu bem." Enquanto ela falava, senti um formigamento percorrer-me o corpo, semelhante a uma descarga elétrica. Mencionei-lhe isso e Alma confessou ter sentido o mesmo! Ainda que separados por uns trinta quilômetros, ambos sentimos aquela onda de energia curativa! E por que não? Afinal de contas, o Infinito pode estar em toda parte (e está de fato), e nós dois nos sintonizamos num comprimento de onda mental. Meus achaques de gases desapareceram imediatamente e, embora houvesse planejado uma visita ao médico na manhã seguinte para obter um diagnóstico, já não havia necessidade disso. Oh, sim, ainda escrevo lembretes para mim mesmo, mas agora o que se lê neles é: "Pôr combustível."

Uma amiga artista mora num bairro "barra-pesada". Alguns de seus vizinhos consomem drogas e freqüentemente dão festas barulhentas para convidados desagradáveis. Por isso, ela fez uma série de orações científicas (outro nome para "afirmações mentais concentradas") e implorou proteção. Pois recebeu-a. Certa manhã, ao sair, deu com um pastor alemão jazendo na soleira, fraco, doente, em muito mau estado. Minha amiga Erna é uma alma sensível, de modo que levou o cão para dentro, cuidou dele e alimentou-o. Alimentou-o. Alimentou-o. E fê-lo porque aquele cão decerto sabia comer! Descobriu que estava gastando uma fortuna para dar de comer ao animal, muito mais do que se podia permitir. Mas o cão, em troca, deu-lhe proteção. Se alguém se aproximava da porta de Erna, ele latia e rosnava ferozmente. Mas Erna não podia conservá-lo e deu-o para alguém.

"Da próxima vez, Erna", disse-lhe eu, "reze por um cão pequeno e que ladre alto!" Vale a pena ser específico, pedir *exatamente* aquilo que se quer.

Considere o caso do monge abandonado no deserto, a quilômetros de qualquer lugar habitado, e que orou por um cavalo. Pois vejam! No horizonte, ele percebeu uma pequena nuvem de areia que sucedeu ser um bando de salteadores, os quais se detiveram perto do monge para descansar os cavalos à sombra de uma árvore. De repente, a égua de um dos salteadores pariu um potrinho. O chefe do bando olhou em derredor, avistou o monge e ordenou-lhe: "Venha cá e carregue o meu potrinho!" Assim, o monge teve o seu desejo satisfeito — ganhou um cavalo —, mas esqueceu-se de determinar quem iria carregar quem!

Outro exemplo: a cada janeiro tomo as minhas resoluções de Ano Novo, assim como você, como todo o mundo. É uma boa idéia, porque há muito valor nessa antiga tradição. Varremos o lixo, damos adeus ao ano que passou, começamos vida nova e, graças a essas resoluções, antevemos a pessoa melhor que queremos ser.

Incluo nas minhas resoluções anuais uma que é eterna: perder peso. (Na verdade, não deveríamos dizer *per-*

der peso, pois assim correríamos o risco de achá-lo novamente! É melhor optar por *livrar-se do peso.*) De modo que, no dia 1º de janeiro último, colei no espelho do banheiro uma nota: "Peso setenta e cinco quilos!" Adivinhem o que aconteceu? Dali a poucos dias apanhei um resfriado, fiquei cinco dias de cama e não podia comer alimentos sólidos. Na verdade, costumo jejuar quando fico doente, como os animais, e logo emagreci, como você deve ter adivinhado, de modo que ao final de meu jejum forçado pesava exatamente setenta e cinco quilos! Isso, porém, foi obtido do jeito difícil. No próximo ano, escreverei: "Peso setenta e cinco quilos com um corpo *saudável*!"

Eu poderia dar muitos exemplos desses. O fato é que o poder da mente, aquilo a que chamamos subconsciente (*superconsciente* seria mais apropriado), propicia-nos o que especificamos e realiza nossos desejos como o gênio da lâmpada. Isso se dá porque, consciente ou inconscientemente, utilizamos o poder da mente o tempo todo, da mesma forma que, brilhando o sol à nossa volta, se apanharmos uma lente de aumento poderemos concentrar tão intensamente seus raios que eles porão fogo a um pedaço de papel. Contudo, os devaneios difusos em geral não realizam a mágica. Precisamos focalizar bem nossos padrões mentais.

Esse poder, bem como o seu uso, tem recebido vários nomes. O mais conhecido talvez seja *pensamento positivo*. O mundo tem uma dívida para com Norman Vincent Peale, que tornou essa expressão tão conhecida em seu livro mais vendido, *O poder do pensamento positi-*

*vo.** O dr. Peale associou essa força à sua própria crença arraigada no Cristianismo. Mas ela funcionará para os adeptos de qualquer religião ou mesmo para aqueles que não têm nenhuma. De fato, como a ioga, não se trata de uma religião, mas de uma técnica, uma técnica mental que se vale da lei científica da Mente.

Essa força opera igualmente bem — com igual eficiência — tanto no nível nacional quanto no internacional, sem esquecer os acontecimentos diários da nossa vida pessoal. Eu estava na Inglaterra quando Winston Churchill se tornou primeiro-ministro, em junho de 1940. O país acabava de amargar a angústia traumática de Dunquerque. Esperávamos ser invadidos a qualquer momento. O moral nacional estava baixo. O negativismo pairava como uma mortalha sobre a nação. Foi então que Churchill tomou as rédeas e fez o célebre discurso: "Lutaremos nas praias, lutaremos nas montanhas, lutaremos nas ruas — *jamais* nos renderemos!" De um dia para o outro uma onda de pensamento *positivo* varreu o país. A nação fora galvanizada por essa atitude inquebrantável. Talvez estivéssemos encostados à parede, mas sabíamos onde estávamos e não recuaríamos um centímetro sequer! Assim, como disse o poeta setecentista Alexander Pope, "A pena é mais forte que a espada" — e, nesse caso, a magnífica oratória de Churchill valeu bem umas cem divisões. Ele transformou a Inglaterra e levou-a à vitória final.

---

* Publicado pela Editora Cultrix, São Paulo, 1983.

Outro belo exemplo de transformação nacional graças a uma atitude mental positiva do seu líder pôde ser apreciado aqui mesmo, nos Estados Unidos. Lembram-se de como o sorriso jovial de Franklin Delano Roosevelt transpirava confiança? Ele não só o instalou na Casa Branca em 1932 como se constituiu numa poderosa arma contra a grande depressão da época. Roosevelt declarou: "Só o que temos a temer é o *medo.*" Como estava certo! E provou-o livrando este país da depressão.

Outro exemplo de líder nacional que alcançou seus objetivos por intermédio do poder da mente foi Mahatma Gandhi. Ele instigou uma revolução *não-violenta*, a primeira da história. Onde a espada e o derramamento de sangue haviam fracassado, Gandhi venceu unindo seus compatriotas sob uma força superior. Sua inabalável atitude mental habilitou-o a superar obstáculos insuperáveis.

Aí a tem você; a lei da atração. Já sabe como funciona. A lei da atração é a chave para uma vida mais próspera, mais feliz e mais plena de êxitos. Deixe que ela transforme a *sua* existência... *hoje* mesmo!

Capítulo 8

Observe a sua consciência!

Quem são as vítimas de assaltos e de outros crimes de rua, tão comuns na nossa sociedade atual? Pois vou dizer-lhe: as pessoas que devoram avidamente os noticiários policiais, nos jornais ou na televisão. Transformam-se a si mesmas em vítimas porque vivem enchendo a cabeça com esses acontecimentos. E as coisas para as quais voltamos nossa atenção... têm grande probabilidade de invadir a nossa vida. Em outras palavras, tudo aquilo com que atulhamos a mente pode se materializar para nós mais cedo ou mais tarde.

Por isso, a pior coisa que faremos será assistir ao jornal da noite antes de ir para a cama, pois estaremos sobrecarregando a consciência com todas as (usualmente más) notícias do dia. Eu preferiria deitar-me com uma cobra sob o travesseiro!

Passa-se o mesmo pela manhã. É bom ter um rádio-relógio para nos despertar, desde que sintonizado numa emissora que transmite música. Mas ser bruscamente acordado pela voz roufenha de um locutor martelando nossos ouvidos com tudo de ruim que aconteceu no mundo durante a noite... Não, isso não é maneira de começar o dia!

O ideal será despertar suavemente, para conservar conosco as vibrações do outro mundo no qual estivemos mergulhados por várias horas. Ficaremos deitados, quietos, tentando recordar os nossos sonhos, para depois escrevê-los, refletir sobre eles e mais tarde interpretá-los.

Andaremos bem se preenchermos a mente com umas poucas vibrações positivas que nos ajudarão a começar o dia com bom humor... em vez de dar ouvidos, passivamente, a uma torrente de lixo noticioso.

Falta de notícias, boas notícias

"Mas preciso saber o que vai pelo mundo!", objeta você.

Por quê? Muito do que acontece não nos diz respeito absolutamente, em especial os eventos horríveis, negativos e repugnantes que hoje são tão comuns. Decerto, temos de saber a respeito dos importantes assuntos nacionais e internacionais, mas podemos ouvi-los nos noticiários curtos do rádio.

A questão é: precisamos ser muito cuidadosos em relação àquilo a que damos acesso na nossa consciência. Porque, como já foi dito, se essas coisas forem cultivadas por muito tempo, elas fatalmente penetrarão em nossas vidas.

Doravante, quando você descobrir algo de desagradável, pergunte a si mesmo: "Quero isso na minha vida?" Se não quiser, desvie imediatamente a atenção, do contrário poderá ter de engolir aquilo em que sua atenção está concentrada.

Capítulo 9

Visualize o seu caminho para o sucesso

Estou falando ao microfone do meu gravador portátil enquanto dirijo de volta de Scranton, Pensilvânia. Na verdade, a maior parte deste livro foi ditada no carro, durante as viagens que faço. Assim, se o estilo parecer um tanto informal, você já sabe a razão. Seja como for, quando dirijo, gosto de pensar que estou falando exclusivamente a *você*, mantendo com você uma conversa amistosa.

Há uns poucos anos, alguém me perguntou: "O que planeja fazer quando se aposentar?"

Respondi: "Bem, gostaria de me concentrar no lado espiritual da vida, estudar, escrever, dar palestras, transmitir o que aprendi para ajudar os outros." Digo, de passagem, que considero uma regra espiritual básica compartilhar aquilo que aprendemos, do contrário seria como entregar a alguém uma vela, num quarto escuro... e assoprá-la!

"Como não gostaria de fazer isso o tempo todo, sempre acalentei o sonho de fazer conferências em faculdades. A perspectiva me agrada. Infelizmente, minhas possibilidades são mínimas, pois não tenho experiência didática e por certo não disponho de qualificações nessa área."

No entanto, cá estou eu... voltando a Nova York depois de dar uma conferência sobre editoração na Universidade de Scranton. Sinto-me satisfeito. Sempre gostei de estar no *campus*, rodeado de jovens estudantes aos quais falo com naturalidade nas salas de aula. De modo que realizei o meu desejo... a despeito da falta de experiência e de qualificações!

De fato, várias das organizações do tipo espiritual onde atualmente dou palestras e seminários estão localizadas nos *campi* de atraentes faculdades como Rosemont College, em Filadélfia, Lake Forest, em Illinois, ou Elizabethtown, na Pensilvânia. Gosto da atmosfera dos *campi*. Portanto, aquilo que desejei veio a mim!

O que isso mostra? Simplesmente que atraímos para a nossa vida aquilo que desejamos. Todos os obstáculos podem ser removidos (no meu caso, falta de experiência e de qualificações, o que não impediu que a Vida atendesse ao meu desejo e o realizasse). Hoje em dia, tenho pelo menos meia dúzia de compromissos desses por ano. O que é muito bom.

O que Billie Jean King me ensinou

Não, não foi sobre tênis. Infelizmente. Seria proveitoso para o meu jogo. Sucedeu que, há alguns anos, li uma entrevista com Billie Jean King, então a maior estrela feminina do tênis. Ela dizia que, na véspera de um jogo importante, passava a tarde sentada numa poltrona visualizando a partida, imaginando cada serviço ou rebatida de sua adversária para, em seguida, imaginar a sua própria *reação* às bolas dela. Billie, é claro, conhecia suas adversárias, vira-as jogar diversas vezes pela televisão e sempre passava um vídeo de uma partida mais recente para analisar o estilo, a técnica e a estratégia de suas adversárias.

Assim, quando Billie Jean pisava a quadra no dia seguinte, sua mente estava pré-programada para enfrentar qualquer situação. E, não importava o que a sua oponente fizesse com a bola, Billie Jean saberia o que fazer com a jogada. Ela, na verdade, procurava *automaticamente* a melhor jogada para dominar a situação, pois estava mentalmente afeita a uma rotina na qual entrava de imediato, sem sequer ter de pensar durante as frações de segundo de que dispunha.

Mais tarde, nesse mesmo dia, Billie Jean assistiria a um vídeo do jogo para saber onde poderia melhorar seu desempenho. Dir-se-ia que ela, mentalmente, *reprisava* as situações que exigiam melhor estratégia ou controle de bola. Assim, programava de novo sua mente para, de modo automático, lidar com tais situações quando deparasse com elas numa futura partida.

Ora, se a técnica de Billie Jean King funciona numa quadra de tênis, por que não funcionará num jogo bem mais importante, o jogo da própria vida?

Mais recentemente, li no *U.S. News & World Report* que, antes de dar uma tacada, o campeão de golfe Jack Nicklaus imagina a bola em pleno vôo, atravessando o campo e indo cair onde ele quer que ela caia. Jack atribui cinqüenta por cento de seu sucesso a essa preparação mental.

Muitos grandes empresários praticam o mesmo tipo de treinamento mental para se preparar para situações de pressão. O presidente de uma empresa relê o registro de seus êxitos anteriores antes de uma apresentação difícil, para aumentar a confiança. Diversos executivos, à moda de Nicklaus, imaginam-se a enfrentar galhardamente os desafios do dia seguinte.

Na noite anterior a uma aula ou conferência, faço questão de me *visualizar* diante do auditório, falando clara e distintamente, com confiança e autoridade, um ar de sinceridade e calor humano. Recapitulo e robusteço essa imagem no dia seguinte, a caminho do local. E tudo acontece exatamente como planejei. Quando estudei os aspectos técnicos do discurso em público e fiz cursos sobre o assunto, embelezei-os por meio do poder da mente e chamei o subconsciente (insisto: a palavra adequada seria *superconsciente*) a ajudar-me na projeção de uma imagem favorável. Sou, por isso, bastante solicitado como conferencista.

Você também poderá fazer o mesmo. As pessoas costumam dizer-me: "Gostaria muito de ter seus dons oratórios. Você parece tão natural diante do público!" Bem, como eu disse, você precisa aprender a parte técnica de qualquer profissão ou esporte em que deseja brilhar. Mas isso não basta. Você pode, por exemplo, tocar piano com toda a perfeição técnica, mas, para ser um profissional, terá de saber envolver e emocionar seu auditório. E é aqui que entra o poder da visualização.

Você ficará mais *seguro* de provocar uma impressão favorável se programar mentalmente com antecedência. Invoque em seu auxílio o poder do subconsciente. Deixe que ele elabore uma rotina na qual você entre com toda a naturalidade quando chegar a hora, ajudando-o assim a dar o melhor passo à frente. Apenas visualize a si mesmo atuando ou representando da forma que deseja e as coisas acontecerão!

Como pôr a visualização para trabalhar por você

O melhor momento é à noite, antes de cair no sono, pois assim o subconsciente assumirá a tarefa e a realizará enquanto você dorme. De manhã, um padrão definido estará impresso na sua mente. Veja-se na situação que ocorrerá no dia seguinte. Digamos que você seja um vendedor ou tenha uma importante reunião marcada: visualize-se objetivamente agindo e reagindo da forma como gostaria. Uma advertência: *não* tente visualizar a resposta do outro. Isso é manipulação e beira a magia negra. É moralmente errado e pode trazer conseqüências indesejáveis. Por isso, evite-o.

Faça apenas a *sua* parte e não se importe com os resultados. Foi esse o conselho que Krishna deu a Arjuna no *Bhagavad Gita,* quando o Senhor instruía o jovem príncipe sobre como conduzir a batalha: "Cumpra o seu dever e ignore as conseqüências."

Não se pode exagerar a importância da visualização. Ela poderá ser a chave para você criar uma vida mais feliz, mais saudável e bem-sucedida para si mesmo. Faça a tentativa e ficará satisfeito!

Capítulo 10

Abençoe-os a todos

Durante a Segunda Guerra Mundial, havia uma canção muito popular na Real Força Aérea:

Abençoe-os a todos,
Os altos, os baixos e os normais,
Os sargentos e os oficiais,
Um por um os caporais,
E seus filhos virginais!

Aplicado à vida de hoje, eis aí um bom hábito a adquirir: abençoar tudo aquilo que encontramos, tudo aquilo que nos cerca. Por exemplo, por que não abençoar seu carro quando entra nele? Ou quando o põe na garagem? Abençoe a sua lavadora quando gira o botão para acioná-la. Abençoe a geladeira. Abençoe a banheira quente. Abençoe todas essas utilidades mecânicas que tanto participam da sua vida, pois, fazendo-o, estará agradecendo-as pelo seu trabalho e encorajando-as a continuar trabalhando, e bem.

Como sabe, todos esses objetos têm um certo grau de consciência. Um grau ínfimo, concordo, mas que não obstante está lá, podendo até certo ponto determinar a nossa atitude para com eles. Pessoas de má natureza, que continuamente amaldiçoam seus utensílios domésticos, sempre os verão "pifando" e dando problemas. Posso afirmar que raramente tenho problemas com os aparelhos de minha casa pela simples razão de que eu os abençôo antes e depois de seu funcionamento. Agradeço-lhes por cumprirem o seu dever, o seu *dharma,* como diriam os budistas, pois para isso foram criados.

Sempre mantive um relacionamento pessoal com os automóveis. Dou-lhes nomes, e, por alguma razão, nomes italianos. E são sempre femininos, como os que os marinheiros atribuem a seus navios. (Há mais: qualquer marinheiro lhe dirá que um navio tem vibrações. Logo ao subir a bordo, será capaz de dizer se "ela" é uma nave afortunada ou não.)

Meu carro atual chama-se Constanza. Toda manhã, ao abrir a porta da garagem, digo-lhe: "Bom-dia, Constanza." Ao dar a partida e sair, visualizo nós dois dentro de uma grande redoma de luz alva, uma proteção que nenhum dano pode romper. Enquanto corremos pela rodovia, agradeço Constanza por fazer o seu trabalho e garanto-lhe que ela nos levará ao nosso destino sãos e salvos, com todas as partes do seu ser, do motor às rodas, funcionando na mais perfeita ordem.

De todos os tipos de máquinas, suponho que os automóveis são as que possuem o mais elevado grau de consciência. A certa altura, carro e motorista se tornam um. Você pode dizer muita coisa a respeito de uma pessoa examinando-lhe o carro, como poderia fazê-lo observando seus animais domésticos. Pessoas que maltratam seus carros não podem reclamar quando eles não as obedecem nas curvas fechadas. Por exemplo, certa manhã, ao sair da garagem para a rua coberta de gelo, vi-me a deslizar inapelavelmente na direção de uma fila de carros estacionados. "Por favor, Regina (era o nome do meu carro anterior), ajude-nos. Eu sempre amei você, sempre cuidei bem de você! Toda semana levo-a ao salão de beleza (ao posto, para lavagem). *Por favor,* me ajude!" E Regina o fez. Parou com o nariz literalmente a dois centímetros de outro carro. Você dirá que não passa de coincidência ou imaginação. Acato a sua opinião, mas tenho a minha. Houve ocasiões demais em que os meus automóveis realmente me ajudaram, evitando danos a si mesmos e aos outros. Eles sabem que os trato bem, que os amo, que me orgulho de sua aparência e bem-estar. *E eles respondem.*

Todo carro que eu tive tinha a sua própria personalidade, até os alugados, infelizes que em geral se sentem prostituídos por terem tantos motoristas diferentes. Nunca permito que um manobrista estacione o meu carro: insisto em fazê-lo eu mesmo. Eles têm sido tão diferentes quanto as pessoas e eu os trato diferenciadamente, falando-lhes de acordo com a personalidade de cada um. Mas amo cada um deles e não escondo deles esse amor. As pessoas podem rir, tudo bem. Eu não ligo a mínima!

Já observou como seus amigos tratam (ou maltratam) seus animais de estimação? Pessoas que vivem gritando com eles revelam, com isso, complexos de inferioridade que precisam descarregar nessas pobres criaturas indefesas. A lei do carma, porém, é implacável e eles um dia levarão o troco. Nós somos, literalmente, os guardiães do mundo animal e temos o dever sagrado de cuidar deles e de protegê-los, adestrando-os para o seu eventual desenvolvimento na existência humana.

Ainda uma palavrinha sobre automóveis. Eles gostam de fazer aquilo para que foram criados, gostam de ganhar a estrada. Detestam ficar na garagem. Quando abro a porta para libertar Constanza, seu motor pega imediatamente e ela freme de impaciência para sair. Não vê a hora de alcançar a rodovia e correr, especialmente num belo dia ensolarado. Não a censuro por isso, é quando eu também mais gosto de sair!

Muitas pessoas dão graças antes das refeições. É uma venerável e consagrada tradição que tem um propósito prático. Fornece-nos uma pausa para nos aquietarmos e esquecermos os dissabores da preparação do alimento ou outras atividades. Também alertam as forças de nosso corpo para receberem o alimento e estarem prontas para assimilá-lo. Coloque as mãos em concha ao redor do prato e afirme que o alimento está puro de qualquer influência negativa proveniente do manuseio a caminho da sua mesa — talvez o caminhoneiro ou o funcionário do supermercado estivesse de mau humor —, e agora você o está purificando. Trata-se do mesmo princípio do *prasad* (alimento sagrado do altar).

Mas quantos de nós damos graças *depois* da refeição? Por que não? Isso também teria um propósito prático:

abençoar o alimento que ingerimos, facilitando sua absorção e transmutação em energia vital.

De fato, não é má idéia adquirir o hábito de semear bênçãos ao longo do dia. Abençoe o seu carro quando o estiver dirigindo. Abençoe os carros à sua volta. Abençoe os lugares e as circunstâncias. Você ficará agradavelmente surpreso ao notar como essa prática pode suavizar o ambiente e criar circunstâncias harmoniosas ao seu redor.

Capítulo 11

Técnicas de autocura

Técnicas de autocura há muitas e de vários tipos. Uma das mais eficazes é a visualização. Em capítulo anterior, descrevemos como utilizá-la a fim de nos programarmos para os acontecimentos do dia seguinte, para o êxito nos negócios, etc. Mas a visualização também pode ser usada para a cura — de nós mesmos e dos outros.

Antes de mais nada, uma palavra de advertência. Parece que ninguém sabe realmente muita coisa a respeito da cura ou de como ela funciona. Nos últimos anos tenho lido inúmeros livros sobre o assunto e tenho viajado pelo país entrevistando curadores. Um dos mais famosos deles, a falecida Olga Worrall, contou-me durante um almoço em Baltimore que, embora tenha sido o instrumento gerador de incontáveis curas miraculosas durante muitos anos, ela própria ignorava o seu processo. "Sou apenas uma dona-de-casa", disse. "Só o que sei é que às vezes funciona, às vezes não." No entanto, a sra. Worrall era, no ramo, a pessoa mais respeitada que conheci. Tinha curas sem conta em seu currículo. Certa vez, para descartar o papel que as emoções e os sentimentos dos pacientes poderiam desempenhar no processo de cura, apareceu na televisão e mostrou que poderia aniquilar bactérias apenas colocando as mãos em redor de um recipiente cheio delas.

Todos os curadores são unânimes em afirmar que a coisa às vezes funciona, às vezes não. Concordam também em que não são eles que curam, pois não passam de instrumentos através dos quais flui a força curativa. Há dois anos, fui convidado por um pastor metodista a participar de uma sessão de cura pela imposição das mãos. "Ora, vamos", protestei, "não sei nada sobre o assunto." Mas meu amigo pastor insistiu, de modo que me vi diante do altar junto com os outros curadores. As pessoas se adiantaram e um homem se postou à minha frente. Pousei as mãos em seus ombros, cerrei os olhos e visualizei a bola de luz alva que usualmente vejo durante a meditação. Raios se projetavam dela, envolvendo a mim e ao paciente. Nisso, tomei consciência de uma força semelhante a uma descarga elétrica e notei que começava a sentir calor. O suor escorria pelo meu rosto. Murmurei ao ouvido do homem: "Seu corpo vibra de energia radiosa!" Quando ele deixou o coro, emiti na sua direção uma onda de amor plena de desprendimento e compaixão, colocando minhas alavancas mentais em ponto neutro a fim de aguardar a chegada do próximo paciente. Um mês depois o homem me telefonou dizendo que estava completamente curado de uma enfermidade que o atormentara por vários anos. Fiquei contente, é claro, mas eu não tinha idéia de como tudo acontecera — e ainda não tenho.

O que tenho é uma teoria, valha o que valer. Segundo essa teoria, a doença só pode existir nas vibrações mais baixas deste mundo material. Num plano mais espiritual, onde as vibrações são mais sutis, a doença seria impensável, não podendo, pois, existir ali. De sorte que, se a consciência do paciente se alçar para um plano mais elevado, de vibrações sutis, a doença desaparece! Foi talvez o que aconteceu no caso que descrevi.

Seja como for, neste capítulo quero compartilhar com você alguns conselhos que achei úteis no processo de autocura. Eles funcionaram para mim e para outras pessoas. Talvez funcionem para você também.

1) Se tem algum incômodo ou dor, e mesmo um músculo sensível, imagine a mão de Deus massageando a área afetada com um ungüento medicinal de cor branca. Suavemente, o poder de cura das mãos penetra na parte afetada de seu corpo, balsamizando-a.

2) Se fez um pequeno corte, aplique uma pomada à base de vitamina E e um esparadrapo. Em seguida, visualize seus leucócitos acorrendo para a defesa e formando um anel em volta do corte para prevenir a infecção. Às vezes, você poderá até mesmo ver esse anel branco. São as defesas do seu corpo aprestando-se para o combate. Imagine-as como inteligências vivas, um esquadrão de vanguarda que o corpo utiliza nessas emergências. Beije a ferida e afirme mentalmente: "Você está sarando, sarando, sarando!"

3) O corpo tem a sua própria energia curativa. Essa energia, se não for obstruída, fluirá e realizará curas notáveis. Temos de obedecer às regras básicas de higiene — repouso suficiente, exercícios, dieta nutritiva de alimentos frescos (principalmente muita salada), preservar o corpo dos abusos do álcool, do fumo e das drogas, dar aos órgãos um descanso de vez em quando, com jejuns curtos de 36 a 48 horas, tomar um clister uma ou duas vezes por ano — tudo isso permite que o corpo deixe fluir livremente sua energia curativa.

4) Essas energias curativas terão mais eficácia se mantivermos uma atitude jovial e otimista em relação à vida. "Um coração desanuviado é o melhor remédio", diz a Bíblia. Uma disposição risonha varre as nuvens onde a doença poderia eclodir.

5) Durante a meditação da manhã ou da tarde, dirija os raios do sol para a parte adoentada do seu corpo. Visualize sua energia curativa reparando os tecidos danificados, reconstituindo-os, renovando-os. Isso lembra a radioterapia usada na moderna medicina.

A prosperidade é um estado de espírito. A boa saúde também. Eu, por exemplo, viajando recentemente pela Índia, comecei a sentir dores no ombro e no braço. Procurei um médico local e em seguida um osteocirurgião num grande hospital, que diagnosticou o meu problema como *espondilite*. Eu nunca ouvira falar nisso. Na verdade, aquilo me lembrava a torta de espinafre que os gregos servem no almoço! Logo o meu braço estava encanado e eu comparecia ao hospital duas vezes por dia para trações. Também percebi que não podia dormir deitado, pois toda posição agravava a dor do braço. Só encontrava alívio cochilando sentado numa poltrona. De modo que lá estava eu, no quarto de um hotel cinco estrelas, quando podia dormir da mesma forma numa cadeira do saguão! Perguntei-me o que as arrumadeiras pensariam no dia seguinte ao encontrar a cama ainda feita: ou eu era um *playboy* que passava as noites na farra ou um vampiro!

De volta aos Estados Unidos, meu médico particular informou-me que se tratava de osteoartrite, uma degeneração das vértebras que as força a pressionar o nervo do braço. Nada pode ser feito quanto a isso, disse ele; é ocorrência comum no envelhecimento. Bem, recusei-me a aceitar o diagnóstico e voltei ao centro de saúde holístico[1] onde faço meu discipulado sob a orientação do conhecido dr. Michael B. Schacter. Ele prescreveu um tratamento à base de ervas e minerais, bem como aplicações elétricas na máquina chamada acuscópio. Isso, em combinação com o trabalho de meu quiroprático, o dr. Jack Boshes, de Nova York, me proporcionou um grande alívio. Mas eu não pude me livrar por completo de um formigamento no braço e de um entorpecimento em dois dedos, o que me dificultava a escrita.

1. Mountainview Medical Associates, P.C., Nyack, NY 10960.

Só quando compareci a uma conferência do Spiritual Advisory Council[2] em Chicago, poucas semanas depois, é que me senti completamente curado. O presidente do SAC, rev. Paul V. Johnson, apresentou-me a uma especialista em cura psíquica, Carole Young, que me aconselhou a visualizar montículos de detritos atravancando minhas vértebras, provocando pressão sobre o nervo — e a imaginar um aspirador de forte sucção engolindo todos esses detritos. Pois não é que o tratamento deu certo?! Ainda hoje continuo, preventivamente, a utilizar a técnica da visualização do aspirador e não tive nenhuma recaída.

Claro, não basta obter apenas a cura física. É preciso descobrir a *causa* da doença e erradicá-la também — de outro modo, os males reaparecerão. Muitas doenças se devem a fatores mentais/emocionais, que devem ser diagnosticados e tratados. A não ser assim, com toda a probabilidade a enfermidade voltará. É como cortar um espinheiro; a única maneira de impedi-lo de crescer novamente é escavar e arrancar-lhe as raízes.

Há um velho provérbio: "Assim por dentro, como por fora." Se permitirmos que pensamentos censuráveis promovam emoções negativas na nossa constituição, elas sem dúvida se manifestarão externamente a qualquer momento.

Ingrediente essencial em qualquer episódio de cura é uma esperança positiva, descontraída e firme de que a cura ocorrerá. Semelhante atitude de "grandes esperanças"

2. Spiritual Advisory Council, 2965 W. State Road 434, Suite 300, Longwood, FL 32779.

é também uma boa maneira de enfrentar diariamente o mundo!

Por quê?

Porque as células do nosso corpo têm realmente consciência. São afetadas pelas nossas emoções. Quando estamos alegres (e principalmente quando pensamos nelas nessas ocasiões), as células *respondem*... e se carregam de positividade. Isso as habilita a combater e a superar os ataques vibrados pela doença ao corpo. Da mesma forma, se nossos pensamentos e sentimentos estão em depressão, a doença recobra o ânimo e as células ficam por demais desgastadas para debelá-la. Assim, somos livres para escolher o nosso Bem — ou para entravá-lo. Faça amizade com as células do seu corpo. Converse com elas. Envie-lhes pensamentos afetuosos. Abençoe-as, agradecendo por serem expressões saudáveis de vida. Elas pagarão com a mesma moeda!

Capítulo 12

O que está entravando a sua prosperidade?

A abundância é uma condição natural. Afinal, por que Deus quereria que fôssemos pobres? Isso limitaria Sua Infinitude. E também não faria sentido. Além de tudo, Deus cria abundância à nossa volta: veja a riqueza da flora e da fauna proporcionada pela Natureza. Deus não fornece apenas *um* tipo de flor. Não, fornece *centenas* de flores, de plantas e de árvores diferentes. A isso se chama abundância! E o nosso planeta oferece toda sorte de alimentos de que precisamos; somente a corrupção e a má administração impedem a sua justa distribuição. Deus, verdadeiramente, derrama abundância sobre nós. Portanto, se não somos ricos, o erro obviamente é nosso — não lançamos o balde para recolher a nossa parte. *Nós mesmos* estamos criando o bloqueio. Nada de pôr a culpa em Deus! "A culpa, caro Bruto, não está nas nossas estrelas, mas em nós mesmos."

Mas, antes, vamos nos cientificar do que seja de fato a prosperidade. Pergunte isso a uma dúzia de pessoas e elas certamente responderão: "Dinheiro." Nada mais distante da verdade! O dinheiro não passa de farrapos de papel. Se você se visse subitamente abandonado numa selva, qual o bem que um saco repleto de moedas faria a você? Nesse caso, a prosperidade seria representada por comida, vestimenta e abrigo... mas não farrapos de papel.

Lembra-se do conto clássico de Mark Twain, *A nota de um milhão de libras*? De como os comerciantes londrinos se alvoroçavam com o supostamente rico americano que brandia uma nota de um milhão de libras para a qual nenhum deles tinha troco? Mas então ele a perdeu... e os comerciantes, em chusma, caíram-lhe em cima exigindo pagamento! A moral da história é que não é do dinheiro que precisamos, mas das *coisas* que o dinheiro nos pode proporcionar. Em suma: o dinheiro é apenas um meio para um fim, e *não* o fim em si mesmo.

Portanto, o de que precisamos realmente é... *abundância*. Eis aí a palavra-chave. Outra definição: "A liberdade para fazer *o que* queremos, *quando queremos*, *mais* os meios para fazê-lo."

Não cometa o erro de orar por um milhão de dólares, por exemplo. Peça, ao contrário, independência financeira, mas não tente impingir os canais pelos quais ela virá. O Poder Supremo sabe melhor *como* proporcionar-lhe esse bem. Apenas afirme diariamente: "Todas as minhas necessidades são sempre satisfeitas."

A arte de promover a prosperidade pelo pensamento não é difícil. Mas, como em qualquer outra habilidade, precisamos dominar suas regras e aplicá-las. Isso não é muito diferente de aprender a ser um bom jogador de *bridge* ou de golfe.

Aqui vão cinco orientações para você desenvolver a consciência da prosperidade:

1) Antes de tudo, e o mais importante... PAGUE seu tributo à fonte de onde tira o seu bem. É vital abrir um canal para que a abundância se despeje nele. "A natureza odeia o vazio." Assim, abra espaço para o novo bem que virá. Examine o armário e deite fora as roupas que não tem usado.

2) Em seguida.. pague a *você mesmo, antes* de pagar ao açougueiro, ao padeiro, ao eletricista; depois, deixe de reserva pelo menos 10% de seus rendimentos e estará livre para gastar o saldo. Se o seu patrão o chamar ao escritório e lhe disser que precisará cortar 10% do seu salário, você poderá se agüentar. Ficará aborrecido, mas *poderá* se agüentar. Aqueles 10% são seus, inteiramente seus, e a mágica dos juros acumulados trabalhará por você, fazendo-os crescer, crescer.

3) Compre sempre "para duas pessoas" (especialmente quando o produto estiver em oferta). Mantenha uma despensa farta. A despensa deve refletir prosperidade. Crie uma atmosfera de opulência na sua cozinha. Tenha sempre grande quantidade de enlatados nas prateleiras. (Um benefício adicional será que você não precisará sair freqüentemente às pressas.)

4) Trate o dinheiro com o devido respeito. Não o esbanje. Gaste, mas gaste com sabedoria. Alise as notas quando as colocar na carteira — e, intimamente, abençoe-as. O dinheiro chega onde é amado. Por isso, não o maltrate, não amasse as notas.

5) A pobreza é um estado de espírito. A prosperidade também. Sinta-se rico. Mime-se. Espie as vitrines das melhores lojas. Lembre-se, as melhores lojas também promovem liquidações. É hora de *entrar*. O reverendo Ike contou que, em criança, costumava ir a pé do Harlem ao aparatoso Waldorf-Astoria só para "acotovelar-se com os ricaços". Estava certo: com isso, absorvia-lhes as vibrações, vibrações de saúde, de segurança, de autoconfiança.

Faça dessas cinco orientações parte da sua vida. Pratique-as até que se tornem uma segunda natureza... e prometo-lhe que ampliará a sua consciência de prosperidade e se sentirá melhor que nunca.

Capítulo 13

O desafio do emprego

Como conseguir um emprego melhor... e progredir nele mais depressa...

Muita gente se sente infeliz no trabalho. Isso é uma vergonha, considerando-se a quantidade de tempo que despendemos no emprego: cerca de um terço da vida e metade do período de vigília. O dinheiro não é a recompensa mais importante do nosso labor. Queremos uma boa recompensa monetária em troca de nossos esforços, é claro, mas o mais importante é o nível de satisfação que tiramos do trabalho.

Desgosto com o emprego ou aborrecimento em serviço podem gerar efeitos insidiosos.

"Como saber se estou no emprego certo?", pergunta você. É muito simples. Você gosta do que faz? Vai todos os dias ao trabalho de cabeça erguida? Se não, talvez deva mesmo procurar outra ocupação.

"Mas como saber qual é o emprego certo para mim?"

Novamente, é muito simples. Faça uma lista das dez coisas que mais gosta de fazer, pela ordem.

A seguir, estude as três primeiras. São as atividades que você mais aprecia. Por que, então, não transformar uma delas em carreira? Por que não ser pago para fazer algo de que realmente gosta?

É que, não importa o que você tenha escrito na sua lista, alguém está tirando o seu sustento dessas atividades. Você gosta de comer? Algumas pessoas vivem de ir a restaurantes e escrever suas experiências para a coluna de gastronomia do jornal local — e recebem por isso!

Gosta de cinema? Há pessoas que são pagas para ver filmes e comentá-los. Qualquer que seja a atividade, há quem viva dela. As probabilidades são de que você também possa!

Mas, é claro, você precisa conhecer algo do ramo. Dominar os detalhes técnicos. Não há sentido em candidatar-se a um cargo de secretária se você não souber datilografia e taquigrafia. Terá de aprimorar suas habilidades profissionais para obter o cargo que lhe interessa.

Para ser crítico de cinema, não basta sentar-se na platéia e relaxar. Terá de ler sobre direção, cenografia, estilos de interpretação, etc. Portanto, qualifique-se.

Então, "Quando for pescar, vá para onde há peixes!" Localize empresas que possam precisar de seus serviços. Lembre-se: você só precisa de *um* emprego.

Faça a afirmação mental de que o Emprego Certo *já* existe... é apenas questão de entrar em contato com ele, de atraí-lo para a sua órbita.

Prepare e mande o seu currículo, acompanhado de uma carta, aos possíveis empregadores. Não é necessário enviar centenas deles. Lembre-se: você precisa de um emprego apenas, de uma carta para fechar o jogo!

O currículo deve ser cuidadosamente datilografado e legível, com margens largas. Registre o último emprego primeiro e vá recuando, dando breves detalhes sobre seu êxito nos estudos. Seja sucinto. Os empregadores só querem saber do essencial. Sempre poderão pedir mais detalhes se o desejarem. Apresente o que já conseguiu fazer, mas esteja pronto para prová-lo. Seja específico. Não diga apenas "aumento de vendas", mas "aumento de vendas em vinte por cento num ano".

Espere uma semana e então telefone para a secretária do empregador em potencial para saber se a sua carta foi recebida e que impressão causou. *Não* telefone pedindo para falar com o empregador. Recorra à secretária. O empregador é uma pessoa ocupada e uma das atribuições da secretária consiste exatamente em dar as respostas do tipo que você pede. Talvez seja informado de que a carta foi enviada a outro setor onde existem vagas, ou ao departamento de pessoal. A secretária poderá orientá-lo e aconselhá-lo quanto ao próximo passo. Na verdade, as secretárias costumam ser de grande valia.

Acima de tudo, mantenha a firme convicção mental de que o emprego certo para você, o emprego que o satisfará plenamente, *existe*... e, em alguma parte, está à sua espera. Cada vez mais, você o está atraindo para si.

A entrevista

Enfim! Você recebe um telefonema convidando-o para uma entrevista. Tente saber o máximo que puder a respeito da firma. Vá à biblioteca local e veja se ela está catalogada. Peça ajuda. Faça perguntas. Descubra se é o tipo de empresa onde você gostaria de trabalhar. Tem boa reputação? Fabrica ou vende produtos que contribuem para o bem da sociedade? Talvez se trate de uma firma pequena e você não consiga obter muitas informações com antecedência. Mas faça o que puder.

A noite anterior à entrevista é a parte mais importante do empreendimento! Lembre-se de como Billie Jean King se preparava para as partidas do campeonato de tênis programando-se mentalmente de antemão? Pois é exatamente isso o que você vai fazer. No entanto, terá a desvantagem de não conhecer o outro jogador, como Billie Jean. Não se preocupe. Você pode se programar para projetar um ar de confiança, de sinceridade, de boa aparência. Faça isso repetidas vezes antes de adormecer. *Saiba* que, se esse é o emprego certo para você, então ele será seu. Visualize-se durante a entrevista. Veja-se sentado com as costas retas, com um ar de naturalidade e seu *melhor* olhar lançado à frente!

Não visualize a resposta da outra pessoa. Não a imagine contratando-o.

E por quê?

Porque isso seria *magia negra.* Pode funcionar, mas você pagará por manipular a livre vontade alheia. Contente-se com visualizar a atmosfera de uma entrevista bem-sucedida. Saiba que o que for melhor para ambas as partes acontecerá. Afinal, talvez esse não seja o melhor emprego para você; então, certamente, não gostaria de consegui-lo. Você quer o melhor, e o melhor talvez seja outro emprego completamente diferente. Portanto, programe o seu papel na entrevista e esqueça o resto.

Durante a entrevista

Naturalmente você estará vestindo a sua melhor roupa, ostentando um semblante inteligentemente profissional. Não exagere nas roupas, mas não se apresente desleixado. Deixe os *jeans* para os fins de semana. A *primeira* impressão é a que conta. Assegure-se, pois, de que está impressionando bem. Não fume, a menos que seja convidado. Não mastigue chicletes. E, o que é mais importante, componha-se interiormente para uma calma mas alerta vibração. Diga a si mesmo: "Estou projetando confiança, sinceridade e uma boa aparência."

Lembre-se disto: as chances estão a seu favor. O que a pessoa do outro lado da mesa mais gostaria de fazer seria contratá-lo. Olhe para a caixa de "entrada". Observe como está cheia. O entrevistador se sente ansioso para encerrar o assunto, isto é, preencher a vaga, a fim de ir resolver os milhares de outros problemas que exigem a sua atenção. Por isso, tudo está a seu favor!

De seu lado, você poderá analisar seu possível empregador, a secretária, o ambiente do escritório e os outros funcionários. Gosta do que vê?

A seguir, apreenda o que lhe está sendo dito sobre

os deveres do cargo. Se isso o impressionar, então assuma mentalmente que o posto lhe convém.

Lembre-se novamente de que seu empregador em potencial também quer você. Ninguém perde cinqüenta minutos entrevistando uma pessoa sem resultados palpáveis. Sim, o entrevistador quer que você seja bem-sucedido.

Como progredir mais depressa

Oba! Você ganhou o dia e o emprego é seu. Saia para comemorar.

Agora, eis um meio infalível de progredir mais depressa e ter mais sucesso no emprego. O segredo do sucesso, nos negócios, pode ser resumido numa palavra: *trabalho*. Trabalho, trabalho, trabalho. Se você é um vendedor, imagine-se como um *trabalhador*. Pense em como o seu produto beneficiará o comprador. Pense do ponto de vista das necessidades do comprador. Veja o produto com os olhos do comprador.

Qualquer que seja a sua ocupação, considere seu emprego à luz do trabalho. Se for escriturário, realize cada tarefa à luz do trabalho. Assim, você estará beneficiando sua empresa e os clientes da sua empresa.

"Mas, e se nada disso for reconhecido?"

Ralph Waldo Emerson tem a resposta: "Se você trabalha para um patrão ingrato, trabalhe mais!" Sim, porque não poderá perder. A lei do carma está do seu lado, agindo por você. Aquilo que você der será aquilo que receberá. Você cumpre seus deveres de cara amarrada, com um ar de ressentimento? Não irá longe. Mas dê-se inteiro ao trabalho de maneira construtiva e tudo reverterá em seu benefício. A lei do carma é uma lei tão real quanto a da gravidade.

No mundo dos negócios, falamos do funcionário dez por cento. Do que percorre um quilômetro a mais. Do que faz uma venda extra por telefone às seis da tarde. Do que quer executar seu trabalho a despeito da hora. Do que entrará em contato com o comprador *depois* da venda para saber se ficou satisfeito. Do que inspira tanta confiança que com ele se pode contar para levar a cabo qualquer tarefa. Um funcionário confiável. Essas pessoas é que o mundo dos negócios está chamando. Sempre haverá um lugar para elas.

O trabalho, em virtude da lei do carma, garante que os esforços extras sejam recompensados. Talvez nem sempre a curto prazo, mas sempre, sem dúvida, a longo prazo. Em verdade, talvez a sua recompensa não esteja no emprego atual: pode consistir na oferta de outro. Não importa; sua atitude no trabalho *sempre* compensa. Com certeza!

Há mais no nosso trabalho diário do que aquilo que impressiona os olhos. É que ele propicia uma dupla oportunidade: a de servir ao mundo pela escolha de um ramo cujos produtos ou serviços são inestimáveis e a de desenvolver o nosso caráter graças a uma atitude positiva em relação aos nossos deveres. Pois a vida é inteiriça: não podemos dissociar nossas oito horas de trabalho do resto da nossa experiência. Ela precisa justificar-se em termos mais amplos que os meramente monetários.

Eu tive sorte. A maior parte de minha carreira, dediquei-me à publicação de obras pedagógicas. Isso deu-me a oportunidade de contribuir para os sistemas educacionais do Terceiro Mundo.

"Espere aí", objeta você, "isso não se aplica a mim. Só o que tenho a fazer é ganhar o meu sustento."

Certamente, mas a *maneira* de chegar a isso é que conta. Mais atrás, sugeri-lhe que ganhasse a vida fazendo algo de que gosta — e deve haver algo que você gosta de fazer! Por que, então, não dobrar a parada executando um trabalho que ao mesmo tempo ajuda as pessoas ou fornece um produto de consumo obrigatório?

E, para tirar o máximo do trabalho em satisfação e senso de realização, atribua-lhe algo extra. O Budismo tem uma filosofia do trabalho chamada *dharma*. Basicamente, significa que devemos ver o trabalho como algo mais que trabalho, como algo *superior*. Por exemplo, não é que trabalhemos para um patrão e por isso lamentamos o tempo que temos de nos dedicar a ele: nós realmente trabalhamos para nós mesmos. Se eu sou um lavador de pratos, posso resolver ser o melhor lavador de pratos que existe, deixar a louça brilhante, reluzindo, faiscando. Ninguém ignora que um garçom pode melhorar ou estragar um prato. Um serviço grosseiro cria um ambiente de constrangimento, mas um garçom solícito e educado melhora tudo. Adivinhe qual deles se sente mais feliz no trabalho? Qual deles embolsa as maiores gorjetas?

Todos conhecemos pessoas que apenas almejam conservar seus empregos. Fazem o mínimo possível, nada mais do que suas obrigações. Mas não se diga que sejam felizes no trabalho. Nunca têm a viva satisfação da tarefa bem-cumprida. Nunca voltam para casa, à noite, contentes.

Nos salões do prestigioso Englewood Club, fundado em 1889, sempre ouço executivos queixarem-se de que poucos jovens mostram suficiente visão para concentrar-se em objetivos de longo alcance. "São imediatistas! Querem logo atingir o topo sem ter de trabalhar para isso!"

Apreciei muito a carta que me foi enviada pelo meu concorrente, Harold W. McGraw, Jr., presidente da McGraw-Hill, Inc., quando de minha aposentadoria. Escreveu ele: "Você teve uma destacada carreira de editor, que sempre admirei, pois, ao lado da habilidade, trabalhou mais duro do que muitos." Sim, nada é de graça. E não há substituto para o trabalho duro. O sr. McGraw e outros altos executivos sabem muito bem disso. Atribui-se a Thomas Edison a frase segundo a qual o gênio é um por cento de inspiração e noventa e nove por cento de transpiração!

Mas o trabalho duro pode ser divertido! Tudo depende da nossa atitude para com ele. Executado positivamente, transforma-se numa gratificante e satisfatória descarga de energias.

"Sou apenas um dente na engrenagem", lamenta o leitor. Pequeno ou grande, todo dente de engrenagem é importante. A primeira impressão que os visitantes têm de uma firma é, em geral, provocada por uma telefonista ou recepcionista. Quanta diferença faz uma acolhida gentil e amistosa!

Toda pessoa neste mundo deve experimentar o gostinho do sucesso para encontrar paz e felicidade, para viver uma vida próspera, segura e interessante. Depende de nós. Podemos chegar lá, se optarmos por isso. A felicidade, porém, é um trabalho interior. Todos vemos o mundo de dentro para fora. E um grande caminho aberto à felicidade é encontrar um trabalho satisfatório e construtivo no qual possamos dar plena expressão às nossas habilidades.

Espero, por isso, que este capítulo sobre o Desafio do Emprego possa ser de alguma valia para você. Boa sorte com o desafio do seu emprego!

Capítulo 14

A vida é uma viagem

Estou ditando este capítulo a bordo do *S.S. Oceanic*. É um belo navio e estamos nos divertindo muito. Enquanto a quilha do navio vai fendendo as águas azuis do Caribe, não posso deixar de pensar que a vida é uma viagem.

Na noite passada tivemos um pouco de mau tempo. No entanto, o desconforto foi pequeno para nós porque o navio tem estabilizadores embutidos que corrigem automaticamente o balanço excessivo. O mesmo acontece na vida. Não podemos evitar o mau tempo vez por outra; é natural que sejamos atingidos ocasionalmente pelas vicissitudes da existência. Mas nós também podemos acionar nosso estabilizador para ajudar a restabelecer a situação e devolver-nos ao equilíbrio anterior. Em outras palavras, não podemos evitar que as coisas nos aconteçam, mas está ao nosso alcance controlar a reação a esses acontecimentos. Podemos nos estabilizar. Podemos aparar os golpes.

Quando o capitão deste navio levantou âncora em Nova York, teve de traçar o curso até o nosso destino.

Primeiro, precisou saber para onde íamos; depois, estabeleceu a rota mais curta, que consumisse menos combustível. O mesmo acontece na vida. Primeiro, temos de determinar o nosso destino, fixar nossos objetivos. Em seguida, precisamos mapear o curso para atingir esse objetivo pela rota mais curta e o mais depressa possível. Se não tivermos um objetivo na vida, coisa alguma a alcançar, vaguearemos sem rumo dia após dia, exatamente como o navio o faria se não dispusesse de uma rota.

Por exemplo, se o barco fosse para a Europa saindo de Nova York, bastaria ao capitão apontar a proa para Leste que, cedo ou tarde, tocaríamos terra em algum ponto da Europa. Mas não conheceríamos esse ponto com antecedência e talvez ficássemos ziguezagueando semanas a fio. Não; a maneira correta é decidir primeiro *aonde* queremos ir e em seguida determinar o caminho mais curto. Também na vida precisamos decidir com precisão onde queremos estar e depois fazer o melhor para alcançar esse ponto. Se não tivermos objetivos na vida, então provavelmente nada faremos de nós.

Esta manhã ocorreu-me outra comparação. Somos todos passageiros do grande barco da vida. Sabemos que tem de haver um capitão em algum lugar. Mas, tal como eu não vi o capitão do *S.S. Oceanic,* talvez não vejamos o capitão do barco da vida. Sabemos, porém, que deve haver um. Não se pode ter um navio sem capitão e é igualmente inconcebível que esses milhões de universos ficassem sem a direção suprema de uma Inteligência. E, assim como temos plena confiança no capitão do nosso barco, o qual, sabendo o que faz e para onde vai, nos levará sãos e salvos ao nosso destino, assim devemos confiar no Capitão do universo.

Como passageiros desse navio podemos nos trancafiar em nossas cabines com receio de encontrar pessoas, ou gozar a marcha do barco e aproveitar todas as atrações a bordo. Podemos decidir subir ao ponto mais alto do convés para aspirar a brisa marinha e tomar sol. A escolha é nossa: descer para os porões da nossa falsa segurança ou alcançar o topo com muitas aventuras excitantes pela frente.

Capítulo 15

Qual é o seu objetivo?

Você tem reparado quanta gente vive à deriva pela vida afora, sem fazer dela nada de proveitoso, sem chegar a nada? Essas pessoas apenas vagueiam, esbarram aqui e ali, satisfeitas quando, à noite, podem desabar na poltrona diante do aparelho de televisão.

Você, porém, é diferente. Você sabe o que quer e como obtê-lo. Você determinou seus propósitos. E, mais importante ainda, você os lançou por escrito. Registrando objetivos no papel, somos não só obrigados a esclarecê-los na mente como colocamos em movimento aquela força de atração que os trará até nós. Se, por um bom período de tempo, nos concentrarmos nos objetivos lançados por escrito, eles, inevitável e inexoravelmente, se materializarão em nossas vidas.

Portanto, certifique-se de que o que você diz que quer é *realmente* o que quer.

Todos já ouviram alguma versão da história em que é assegurada a alguém a satisfação de três desejos — e, invariavelmente, a personagem usa o terceiro e último desejo para restabelecer as coisas tais quais eram antes da realização do primeiro.

Há muito que dizer a respeito das resoluções de Ano Novo. Elas constituem um lembrete anual de que *devemos* estabelecer objetivos, tentar melhorar nossa qualidade de vida e enaltecê-la para sermos melhores do que somos. Isso é a vida. Por isso estamos aqui.

Contudo, não precisamos esperar pelo Ano Novo para tomar resoluções. Cada dia é um começo, uma novidade completa.

Por que não *hoje?* Esqueça-se do ontem, de todos os ontens. Deixe que se desvaneçam. HOJE é o dia de começar e AGORA é o momento. O poeta Goethe exclamava: "Aproveite este instante! Comece e a tarefa já estará pela metade!"

Você PODE ser tudo o que quiser ser. Nada conseguirá impedi-lo. A vida o convida a isso. Pinte seus objetivos com cores luminosas. Visualize-os transformando-os em realidade. Registre-os. Aprisione-os no papel. E então, para parafrasear Émile Coué, "a cada dia e de todas as maneiras você se aproximará cada vez mais da consecução do seu desígnio!"

Capítulo 16

PES — Como fazer para que sua mente trabalhe por você

"PES", pergunta você, "não é aquela coisa engraçada, esotérica?"

De modo algum. Você provavelmente tem usado a PES sem se dar conta disso! Como aquela personagem de *O Burguês gentil-homem,* de Molière, que descobriu ter falado em prosa a vida inteira sem perceber!

Muitos homens famosos admitiram fazer uso de sua intuição, inclusive Winston Churchill, o general Patton, Abraham Lincoln, Franklin Roosevelt e Einstein, para mencionar apenas uns poucos. E você não vai considerar esses camaradas uns tolos, não é?

Você nunca teve um *pressentimento?* Claro que sim. Todo mundo tem. Alguns executivos falam de suas *reações viscerais*. Pois bem; pressentimentos e reações viscerais são, nada mais nada menos, PES.

O que é PES? Percepção extra-sensorial, isto é, algo além de nossos cinco sentidos normais. Mas como sabemos que temos apenas cinco sentidos? Talvez tenhamos dez — mas há muitos outros por descobrir. A eletricidade só foi descoberta há uns dois séculos, mas andava por aí há milhares e milhares de anos.

Algumas pessoas chamam a PES de nosso *sexto sentido*. Quem sabe? Mas quem sabe também não haja outros mais? Seja como for, a PES é parte importantíssima da nossa vida diária; talvez o que ocorre é que não tenhamos sido tão conscientes dela quanto deveríamos.

Porque podemos pôr a PES a trabalhar *por* nós. Muitos líderes do mundo dos negócios fazem isso. Conrad Hilton, por exemplo, escreveu em sua autobiografia, *Be My Guest*, que sempre que tinha uma importante decisão a tomar — envolvendo às vezes milhões de dólares — saía em busca de uma igreja sossegada, entrava e se sentava. Assim, não só ficava longe das interrupções do escritório e das chamadas telefônicas como podia sintonizar-se com as vibrações de milhares de fiéis que se haviam combinado para transformar aquele num lugar sagrado. Sentado calmamente, com a mente descontraída, quase sempre lhe ocorria a solução para o problema, escreve ele — e, sempre que seguia sua intuição, estava *inevitavelmente* certo.

Conrad Hilton prossegue: "Fui acusado de fingir pressentimentos... Mas acredito que a maioria das pessoas os tem, quer os siga, quer não." A seu ver, a chave para a intuição consiste em aguardar uma resposta. "O que me põe em ação é o meu sentimento, essa intuição atiçadora que me estimula", diz Hilton.

William Paley, presidente da CBS, Inc., é famoso pela habilidade de detectar vencedores nas centenas de *shows* de televisão exibidos anualmente pela sua rede.

Harold Geneen, ex-presidente da ITT, afirmava que podia conhecer o caráter de um homem após quarenta e cinco segundos de exame.

The Wall Street Journal, em sua edição de 3 de novembro de 1983, revelou que 31% dos empresários confiam mais na intuição que na pesquisa ao decidir quando lançarão novos produtos.

Repare em como um casal que vive junto há muitos anos se compreende instintivamente sem proferir palavra.

Já não ocorreu que você precisasse levantar-se a determinada hora para um compromisso importantíssimo e desse consigo acordando automaticamente exatamente na hora — mesmo sem despertador?

Os animais nos compreendem sem o poder da palavra. Reconhecem instintivamente quem gosta e quem não gosta deles. As feras sentem medo do ser humano.

Hoje em dia tornou-se lugar-comum dizer: "Não gosto das vibrações" de uma pessoa ou de um lugar.

Mas o que será tudo isso se não... PES?! Quer você a chame instinto, vibrações, intuição, pressentimento — vem a dar no mesmo: PES: Percepção extra[exterior]-sensorial. Na verdade, é claro, ela não está fora, mas *dentro*. Faz parte das profundezas insondáveis da nossa mente. Saímos para o espaço, para explorar o universo; resta-nos mapear os caminhos intricados da nossa mente e descobrir todo o seu potencial.

Já ouviu falar em cérebro esquerdo e em cérebro direito? Em como o primeiro é analítico e o segundo criativo? O cérebro esquerdo é crítico, ao passo que o direito é intuitivo. Muitos de nós passamos a vida contando com o esquerdo e esquecendo de extrair todas as possibilidades do direito.

A telepatia é um produto do cérebro direito. Quantas vezes você já não esteve pensando numa pessoa, o telefone tocou e... era ela! Temos um longo caminho a percorrer antes de compreender os poderes da mente, de entender como funciona a telepatia. Mas eu acredito nela. E vou dizer por quê.

Há alguns anos, despertei subitamente à 1:30 da manhã. Para meu espanto, vi minha mãe sentada à beira da cama. Mas como podia ser? Ela estava na Inglaterra, a mais de quatro mil quilômetros de distância! Todavia, eu não só *vi* minha mãe como a *reconheci*. Sim, qualquer filhote de animal reconhece a própria mãe, mas acontece que ela trajava roupas dos anos 20 — chapeuzinho e saia curta — e seu rosto era liso, jovem e bonito. Sua presença era irresistível e belisquei-me para saber se estava de fato acordado.

Ela sorriu, um sorriso terno e luminoso. Depois desapareceu e eu lá fiquei olhando para o escuro, cismando, cismando.

Na manhã seguinte, recebi um telefonema da Inglaterra informando que minha mãe morrera às 7:30 da manhã, horário local. Dada a diferença de seis horas no fuso horário, o desenlace ocorrera exatamente no instante em que ela me apareceu! Percebi o que acontecera: o amor de minha mãe venceu as barreiras físicas para dar-me a conhecer que ela estava livre do corpo com suas dores e penas, que agora estava serenamente feliz.

Tal é o poder do amor e da mente!

Como fazer para que a PES trabalhe por nós? Principalmente pela prática diária, de maneira limitada ou ampla. Uma técnica bem-conhecida consiste em utilizar a PES para encontrar uma vaga para estacionar. Apenas diga a você mesmo, enquanto contorna o quarteirão: "Vou encontrar uma vaga para o meu carro." E as chances são de que encontre mesmo!

O tênis é um jogo mental. A PES coloca o bom jogador na posição certa e no instante certo. Você poderá usar a PES para encontrar objetos perdidos. Afirme: "Nada pode realmente se perder. Deve estar em algum lugar. Minha mente me conduzirá até lá." Diga isso com firmeza, deixe que sua consciência absorva a idéia e então esqueça. Ou, melhor ainda: faça a afirmação antes de ir para a cama. Ao acordar na manhã seguinte, terá a resposta que deseja.

Os jogadores de pôquer se valem da PES para adivinhar as cartas de seus adversários. Mas não é que eu esteja recomendando trapaças, note bem!

A Spiritual Frontiers Fellowship tem um extenso programa que prova, de modo muito interessante, o valor da PES. É chamado *Blind Awareness* (Visão Cega). Sob a direção de sua fundadora, Carol Ann Liaros,[3] formaram-se grupos em todo o país para ensinar a PES aos cegos. Nos termos do programa, os cegos foram instruídos a pousar as mãos sobre pedaços de papel colorido e a

---

3. 5201 SW 22nd Terrace, Fort Lauderdale, FL 33312.

identificar as cores. Mas não é só isso. Muitos dos que se submeteram a esse programa da SFF declararam ter alcançado uma nova dimensão em sua vida. Afirmam que agora podem encarar melhor sua cegueira. O programa foi aprovado pelo Lions Club da América, especializado na ajuda aos cegos.

Carol Ann Liaros levou um estudante cego, junto com um grupo de observadores, a um edifício desconhecido de todos eles. Mergulhou o cego em meditação e disse-lhe que ele estava subindo as escadas e entrando numa sala do primeiro andar. Pediu então que descrevesse em detalhe o que estava "vendo". O cego informou onde estava o sofá, sua cor e tamanho; descreveu os quadros, a posição da janela e das cadeiras, a cor das paredes. Em seguida o grupo ganhou as escadas e entrou na sala que o cego havia "visto". Para espanto de todos, o recinto era *exatamente* como ele o descrevera.

Todos temos PES. Esse poder, essa energia está aqui, ali, em toda a parte. Silenciosamente, convide-a a penetrar no seu coração.

Você pode usar a PES na sua vida diária — controlando pessoas e situações, ajudando-se a tomar decisões acertadas e de muitas outras maneiras. Portanto, ouça a sua intuição. Ela vem a você daquele ponto sagrado situado no seu íntimo. Como as ostras, encerramos em nós uma pérola inestimável. Esse é o nosso centro espiritual. Tudo o que é bom e nobre emana dali.

Capítulo 17

O sol é seu amigo

Os egípcios e muitas civilizações antigas adoravam o sol. E por uma boa razão. O sol está para o nosso universo assim como o coração está para o corpo humano. É a janela espiritual para o mundo material. O sol é a visão mais aproximada que temos do nosso Criador, d'Aquele que nos criou e a todas as coisas do universo. Sem o sol físico não haveria vida. Ele ampara a nossa existência.

Na esfera psicológica o sol também é rei. Não nos sentimos melhor num dia ensolarado? Mais dispostos? Chegamos a pintar o Velho Rei Sol como um rosto luminoso, projetando raios em todas as direções.

Para os egípcios, o deus-sol Rá desaparecia todas as tardes no horizonte, viajava pelos mundos subterrâneos da noite e da morte, e por fim emergia triunfalmente na manhã seguinte. Há cerca de 3.600 anos, o grande faraó Aquenaton compôs um magnífico hino ao sol, que recitava todas as manhãs. Tem sido tradição, em inúmeras religiões, acordar cedo para saudar o surgimento do sol.

Eu próprio recomendo insistentemente a prática da meditação do sol nascente. Ela nos permite entrar no vigoroso ritmo da natureza num momento em que as vibrações do dia que chega estão sendo energizadas. Assim, encetamos o dia igualmente energizados.

Você poderá achar que terá de se levantar muito cedo a cada manhã para assistir ao nascer do sol. Bem, tudo depende da hora, mas se a alvorada anteceder aquela em que você normalmente costuma levantar-se, sempre poderá voltar para a cama e degustar mais uma ou duas horas de sono. Se se levantar para a meditação do sol nascente por um período de anos, perceberá que algo o desperta automaticamente antes do aparecimento do sol, para que esteja a postos para saudá-lo — não importa em que parte do mundo você esteja. Esse despertador automático interno é muito interessante. Tudo se passa como se o sol lhe enviasse uma mensagem: "Estou chegando. Prepare-se para me saudar!"

Portanto, pule da cama a tempo, lave o rosto, esfregue os olhos e escove os dentes. Você não faz tudo isso para ir ao encontro da Amada? Sente-se então, em atitude receptiva, junto a uma janela que dê para o Leste (adote a velha postura egípcia de sentar-se numa cadeira com as mãos pousadas sobre os joelhos). (Não utilize aqui a posição normal iogue de meditação, com as pernas cruzadas, reservada para quando estiver despertando as energias *interiores;* aqui, você está tentando absorver as energias do sol nascente.)

Relaxe e aprecie as maravilhosas cores do arrebol. Não é significativo que só vejamos essas cores ao amanhecer e ao entardecer, jamais no curso do dia? Isso indica que existe algo de especial nesses dois momentos, quando as correntes da Terra mudam da noite para o dia e do dia para a noite. O *yang* e o *yin,* as forças polares do nosso mundo girante, se entrecruzam — e há energia, muita energia nessa hora mística.

Concentre-se no horizonte. Deixe que se esvaiam todos os pensamentos de ordem pessoal que atulhavam a sua mente no momento de despertar. Esse é um instante precioso. Reserve sua atenção, uns poucos minutos, para o esplendor que chega. Logo estará se comunicando com o seu Criador — Deus, em toda a sua magnificência. Mantenha os olhos fixos no horizonte, aguardando o instante mágico em que o primeiro vislumbre do globo dourado anuncia o surgimento de Deus, o Poder Supremo em toda a sua majestade.

Ei-lo! É chegado o momento. A orla da rubra esfera quase toca os píncaros dos montes. Em seguida, materializa-se plenamente e começa a subir triunfalmente pelo céu. Seu brilho se derrama por sobre todas as coisas e criaturas vivas. Se olhar um pouquinho de esguelha, verá seus raios brilhantes penetrando-lhe o peito e chegando ao coração físico — o próprio centro do seu ser vital. Não importa sobre quantos milhões de homens ele fulja, o sol tem um raio para cada um.

À medida que o sol se torna mais forte, você se banha em esplendor dourado. Visualize sua força penetrando cada átomo e célula do seu corpo, renovando-os e revigorando-os, fornecendo-lhe saúde intensa. Você entrou em conexão com Deus. Imagine-o energizando cada porção do seu ser. Faça esse augusto Convidado adentrar sua alma.

Enquanto o astro vai subindo pelo céu, imagine seus raios espalhando-se em majestade e poder para envolver toda a humanidade — agora você é um com ele e com todas as criaturas vivas que estão nele. Quando a luz se fizer forte, proteja os olhos semicerrando-os e submeta à sua bênção as pessoas próximas e queridas que estejam necessitando de cura física ou mental. Visualize-os banhados nessa luz salutar. Reverencie essa Presença Viva.

Encerre a meditação com uma prece por toda a humanidade, a fim de que todos apreendam o objetivo espiritual de suas vidas e a significação espiritual do universo, aproximando-se cada vez mais do Ser Supremo.

Ralph Waldo Emerson disse que, se as estrelas aparecessem apenas uma vez por ano, todos sairiam às ruas para maravilhar-se delas. Ninguém ficaria indiferente a esse impressionante espetáculo celeste. Mas, e se o sol surgisse apenas uma vez por ano? Não veríamos aí o acontecimento mais importante do calendário? Não nos juntaríamos nas praças e nos montes para saudar o milagre? Isso é o mais próximo que a maioria de nós pode chegar do testemunho *visual* de Deus. Ah, a majestade, a magnificência, a insuperável beleza de um arrebol dourado!

Repita a meditação ao pôr-do-sol, quando for possível. Nessa hora, os raios do sol costumam ser mais suaves e doces, muito benéficos para diversos propósitos medicinais. Sinta-os penetrando você com seu poder balsâmico. Contemple o astro mergulhando no horizonte, mas saiba que ele reaparecerá. Sua morte aparente constitui outra prova visual da verdade da reencarnação...

pois ele, seguramente, reaparecerá e iluminará novamente o mundo depois das horas de escuridão.

As meditações do sol nascente e do sol poente de forma alguma devem substituir as meditações regulares. Não há substitutivos para estas. Aquelas são, antes, complementares, com você observando o Poder Supremo a distância e enviando-lhe amor e veneração. Na meditação regular, contudo, há uma identificação com o Poder Supremo, uma unificação com ele. A meditação regular deve ser praticada antes ou depois das outras, na cama ou onde for conveniente. Para uma excelente exposição da prática da meditação regular, remeto o leitor ao livro *The Secret Path*, de Paul Brunton, um tratado clássico sobre o assunto.[4]

---

4. Brunton: *The Secret Path*, 1985, Mountainvue Publications, distribuído por Samuel Weiser, Inc. [*O Caminho Secreto*, publicado pela Editora Pensamento, São Paulo, 1972.]

Capítulo 18

“O chalé encantado”*

Lembra-se de um filme com esse título, estrelado há alguns anos por Dorothy McGuire e Robert Young? Eles faziam o papel de duas pessoas horrivelmente desfiguradas que tinham de amargar o isolamento do mundo por causa de sua aparência. As pessoas desviam o olhar. Mas Young e McGuire se encontram e, como seria de esperar, apaixonam-se. E aqui está o ponto: um não vê o outro como desfigurado. Vêem-se como criaturas formosas e, pela mágica do cinema, seus rostos se transformam diante dos nossos olhos. É o poder transformador do amor, é claro.

Minha querida tia Helga, agora na quadra dos oitenta, disse-me que dentro de cada ancião há um jovem espiando para fora.

Na verdade, todas as pessoas são duas: a de fora e a de dentro. A de fora pode não parecer muito atraente,

* Em inglês, *The Enchanted Cottage*. *(N. do T.)*

seu rosto talvez não seja o de um astro ou estrela de cinema. As roupas estão gastas? Certas pessoas têm aparência desleixada, mas estaríamos cometendo um grande engano julgando-as tão precipitadamente. Eu próprio aprendi esta lição à minha própria custa.

Em conseqüência, aonde quer que eu vá para proferir minhas palestras, estabeleci como norma procurar o primeiro desleixado que encontrar e abraçá-lo afetuosamente. Admito que nem sempre foi fácil! Os resultados, no entanto, sempre foram compensadores. Logrei conhecer muita gente interessante dessa maneira. Quase sempre há uma razão para a sua aparência exterior e, se penetrarmos além dela, encontraremos a pessoa real.

Por isso, irradie amor para o próximo maltrapilho que *você* encontrar. Gaste uns poucos minutos para descobrir o que o fez assim. Não se arrependerá!

Capítulo 19

Tudo são rosas!

Tudo são rosas! Isto é, se você plantou rosas. Como? Está dizendo que se acha às voltas com alguma *erva daninha* na sua vida? Então é tempo de recorrer a um defensivo: DDT, *Destroy Dangerous Thoughts* [Destrua Pensamentos Perigosos].

Como fazer? Simples. Não se pode ter erva daninha e rosas no mesmo lugar. Por isso, arranque a erva daninha expelindo esse pensamento para longe. Uma boa técnica para isso é a seguinte: quando estiver no chuveiro, com a água escorrendo pelo corpo, declare firmemente que está se lavando de pensamentos indesejáveis. Afirme: "Limpo-me de todas as vibrações negativas!" Use as mãos para tirá-las do seu corpo.

Depois, ao sair do chuveiro, comece *imediatamente* a plantar suas rosas mentais. Declare o oposto da erva daninha que você acaba de descartar. Enquanto se enxuga vigorosamente, diga: "Meu corpo freme de saúde perfeita!" ou "Banhei-me na paz infinita do Poder Supremo." Ou ainda: "Posso fazer tudo por intermédio de Deus, que me fortaleceu!" Faça qualquer asserção pertinente à sua necessidade do momento.

Repita esse tratamento diariamente e logo perceberá os velhos padrões negativos enfraquecendo-se ante a nova afirmação positiva e mais forte. Não se iluda a respeito; sempre o positivo supera o negativo, assim como a força supera a fraqueza.

Então, tire vantagem desse fato! Arranque os espinheiros do seu jardim mental e substitua-os pelo seu oposto — afirme sua contraparte *positiva* como um mantra. Repita-o para si mesmo ao longo do dia, para resultados ainda mais rápidos.

Mas como evitar que novos espinheiros, que novos pensamentos negativos cresçam? Afinal, eles estão continuamente à nossa volta. Pode ser que se insinuem furtivamente.

Mas não! Eis aqui um truque seguro para impedir que eles penetrem na sua consciência. Ao primeiro sinal de um pensamento negativo erguendo sua cabeça ameaçadoramente, *arranque-o, assim que brotar.* Sim, elimine-o antes que cresça e se transforme em algo mais sério. O bom jardineiro está sempre à espreita das primeiras folhinhas indesejáveis, e então *zás!* Mantenha sua vida luminosa e feliz. Não deixe de plantar rosas para *você*!

Capítulo 20

Tudo vai bem!

Sim, e você está pronto para isso — mesmo quando as coisas *parecem* ir mal, tudo continua bem!

"Oh, agora ele enlouqueceu de vez", ouço-o dizer. Não. Pense um pouco: você acredita em Deus, certo? *Tem* de haver um poder superior comandando o universo.

Conta-se a história de Napoleão ouvindo atentamente os sábios da Academia Francesa que tentavam provar a inexistência de Deus. Súbito, o imperador saltou da cadeira, apontou pela janela as estrelas e perguntou: "Está muito bem, cavalheiros, mas então *quem* as criou?"

Se concordamos em que há uma Inteligência Superior por trás de tudo (como escreveu Shakespeare: "Existe uma divindade que molda os nossos fins"), então o mínimo que podemos fazer é conceder que Ela sabe o que faz. Sem dúvida, é difícil compreender as obras de Deus; afinal, somos o finito tentando apreender o infinito, o que é matematicamente impossível. Por isso, muita coisa tem que ser apreciada à luz da confiança, da fé, por assim dizer. Como o garoto da escola dominical que, instado pelo professor a definir o que é fé, saiu-se com esta: "Acreditar naquilo que é inacreditável!"

Quando surgirem na sua vida coisas que não são exatamente as que escolheu no cardápio, pare por um momento e pergunte: "Por quê?" Tente esmiuçar as raízes do problema; não o julgue apenas pelas aparências. Pergunte: "Por que isso aconteceu comigo?" Se você for absolutamente honesto consigo mesmo, conseguirá, para sua surpresa, discernir as causas *reais*. Adivinhe *quem* é o responsável? Certo, as nossas galinhas voltaram para casa a fim de ficar o tempo todo no poleiro. É como o bumerangue. Aquilo que atiramos ao mundo volta cedo ou tarde para nós — para melhor ou para pior. Nossas ações e até nossos pensamentos são penhores do destino.

Eis como são as coisas. O carrossel da vida. Mas a boa notícia é que tem de haver um significado em tudo isso, uma razão qualquer para isso tudo. E essa razão agora parece bastante óbvia. A Inteligência Superior nos está proporcionando a oportunidade de aprender com os nossos erros. A criança não põe a mão no fogo duas vezes. Assim, aqui estamos nós, no berçário da vida, levando algumas pancadas de vez em quando, é certo — mas sendo educados pelas nossas experiências. Temos a opção de escolher essas experiências: nós próprios apertamos os botões etiquetados com "Bom" e "Mau".

Eis por que, quando pressionamos o botão errado e sofremos o castigo, *tudo continua bem* — estamos aprendendo qual o botão que devemos apertar da próxima vez. Quanto às experiências desagradáveis que enfrentamos, também elas passam. E passarão mais depressa se focalizarmos a nossa atenção no botão certo. Não cometa o mesmo erro duas vezes. Assim, tudo está realmente bem. Não importa o que aconteça, tudo está realmente bem.

Como declarou o poeta Robert Browning, "Deus está no céu, e tudo vai bem com o mundo".

Capítulo 21

Destaque o positivo!

"Destaque o positivo, elimine o negativo..." Lembra-se dessa velha balada de Bing Crosby? Soubesse ou não, o cantor estava comunicando uma grande verdade. Em termos singelos, não podemos ter dois pensamentos contraditórios ao mesmo tempo. Se estivermos nutrindo um pensamento positivo, não haverá espaço para um negativo.

Essa verdade abre grandes possibilidades para nós. Pense na sua mente como numa nesga de jardim. Só há lugar para uma coisa crescer. Se enchermos essa nesga com flores positivas, não haverá lugar para a erva daninha.

Quanto mais plantamos sementes positivas na nossa mente, menos oportunidades restam às negativas. Sementes positivas criam mais e mais flores positivas. Logo elas sufocarão quaisquer sementes negativas. Então, nosso jardim se transformará num ramalhete encantador.

"Como fazer isso?", pergunta você. A técnica é simples. No momento em que um pensamento negativo solicitar admissão à sua mente, siga o conselho da balada e *elimine-o*. Corte-o ainda em botão. É fácil conseguir isso quando ele ainda é pequeno; mas mais difícil quando permitimos que se transforme num arbusto.

O meio mais eficiente de vencer um intruso negativo é plantá-lo *imediatamente* com o seu oposto. Forme uma sólida imagem de sua contrapartida positiva e deixe que ela seja absorvida. Lembre-se: só há lugar para um único pensamento de cada vez. Essa é a chave para um controle bem-sucedido da nossa mente. Os negativos não podem romper nossas defesas em massa; têm de entrar um por um. Isso torna mais fácil expulsá-los quando eles se aproximam da nossa porta.

Vamos experimentar. Você se sente *encolerizado?* Pois bem, qual é o oposto de cólera? Amor, é claro. Então, expulse o pensamento de cólera implantando no seu lugar um *pensamento de amor intenso.* Não há espaço para dois pensamentos. E assim o amor supera e expulsa a cólera.

Impaciente? Esforce-se para relaxar refletindo nos movimentos contidos das estrelas e planetas em suas órbitas — que vão lenta, segura e ordeiramente descrevendo seu curso como se tivessem a eternidade pela frente. Eles fazem isso... e nós também podemos fazer.

Amedrontado? Dê em você mesmo uma fortíssima injeção de fé. Quem nos criou está sempre conosco, pronto a nos socorrer com Seu amor. Volte-se para o Poder Supremo e absorva a Sua força. Seus medos se dissiparão como quimeras à luz do sol.

Portanto, sempre lance mão do antídoto quando um pensamento negativo penetrar na sua consciência. Elimine-o destacando o positivo!

Capítulo 22

Onde está a sua consciência?

Os jornais publicaram a história de uma velha senhora encontrada morta num cubículo em ruínas. Vivera na miséria durante anos, alimentando-se de comida enlatada e trajando roupas esfarrapadas. No entanto, foram descobertas centenas de milhares de dólares debaixo do seu colchão! Sim, ela vivera como se fosse pobre... quando na verdade era rica!

Mas, a despeito de todo o seu dinheiro, a velha era realmente rica ou pobre? Bem, era pobre porque vivia pobremente. Criou seu próprio mundo de penúria sem necessidade.

Quantos de nós somos assim? Talvez não a esse ponto, mas a verdade é que aceitamos o embuste da pobreza num mundo de abundância. Porque Deus *é* abundância. Tem de ser. Não pode ser outra coisa. Pode o Infinito ser limitado de alguma forma? Ora, o infinito criou a nós e ao nosso universo. Fomos criados pela Abundância. Como, pois, seríamos outra coisa?

Veja à sua volta a fantástica variedade de vida que essa abundância criou — vegetação, animais, insetos, flores, árvores, até seres humanos. Não houve parcimônia aqui; apenas uma tremenda explosão de todas as coisas. Por que, então, nos enganarmos aceitando escassez? Acaso seremos como a velha senhora, negando a abundância e aceitando a pobreza só porque sua consciência escolhera isso?

O brilhante produtor Mike Todd disse certa vez: "Já fui rico e já fui pobre. Rico é melhor." Ele *sabia* que temos uma escolha, que *podemos* determinar a qualidade de nossas vidas. Pois aquilo em que pomos a nossa consciência é que atraímos para as nossas vidas. O reverendo Ike recomenda: "Pense rico." A velhinha pensou pobre e foi só o que teve.

A moral da história é clara: aceite a sua abundância. Convide-a a penetrar na sua vida. Certifique-se de que não a está escondendo debaixo do colchão. Siga o exemplo do reverendo Ike e *pense prosperidade*. Pense rico. Pense bom. Aceite o conselho de São Paulo: "Tudo o que é honesto, tudo o que é justo, tudo o que é puro, tudo o que é amável, tudo o que é de boa fama, se há alguma virtude, e se há algum louvor, nisso pensai."

Capítulo 23

O ataque cardíaco como veículo de transformação

O ataque cardíaco que sofri há alguns anos foi a melhor coisa que me aconteceu! Ao chegar ao hospital, relaxei completamente; pela primeira vez na vida, não tinha encontros marcados, lugares para ir, nada com que me preocupar. Senti uma profunda sensação de amor pelas enfermeiras da Unidade de Terapia Coronariana, que tão maravilhosamente cuidaram de mim.

No entanto, acho que seria de grande valia os hospitais entregarem aos pacientes uma folha mimeografada contendo explicações sobre o que lhes aconteceu e explicando a importância da atitude mental para a cura. O paciente deve ficar ao corrente dos maravilhosos mecanismos de reparação que operam no corpo e ser encorajado a cooperar com eles.

Dizem que não há ateus numa trincheira; não há nenhum, certamente, numa Unidade de Terapia Coronariana. Nós sabemos que a palavra final sobre a sobrevivência está nos lábios de algo Maior que nós mesmos. E tornamo-nos conscientes dessa Inteligência Superior ("Deus", ou o que você quiser) que controla o milagre vivo do nosso corpo, bem como tudo o que existe dentro e ao redor de nós.

Saí do hospital na Páscoa, e essa data teve grande significação para mim. Eu percebia o milagre da primavera lá fora e sentia que também experimentava um renascimento. Desde então a vida se me tornou sumamente preciosa, e, com redobradas energias, tentei devotar-me ao serviço do próximo de maneira construtiva. Sou grato ao meu ataque cardíaco por me abrir os olhos para uma vida mais progressista.

Mais tarde, aprendi que a antiga filosofia hindu acha que o ataque cardíaco desata o proverbial "nó da ignorância". Chamam a isso *granthi*. Assim, tomada pelo lado certo, essa ocorrência aparentemente negativa pode ser uma bênção espiritual disfarçada. Ela desata o nó da ignorância e nos habilita a ver o lado mais elevado da vida. Tudo acontece para o melhor — se o *fizermos* acontecer para o melhor!

Capítulo 24

Dez maneiras de ter um grande dia!

A primeira hora determina o tom de todo o seu dia. Comece com um bom começo e você sairá de casa levando o entusiasmo consigo. Procure fazer meditação, se puder — de preferência ao nascer do sol, quando poderá captar o ritmo poderoso da Natureza. Aí vão dez afirmações fáceis para você sintonizar sua atitude mental a fim de atrair apenas o *melhor* a cada dia.

1) Diga em voz alta: "Este dia foi feito pelo Senhor. Ao longo dele, serei feliz e me rejubilarei."

2) Debaixo do chuveiro, afirme: "A vida perfeita de Deus flui através de mim, limpando cada célula e fibra do meu corpo, fazendo-o pleno e cheio de energia."

3) Evite desperdiçar sua energia mental em coisas que já passaram. Comece a pensar no que fazer

agora. Coisas surpreendentes acontecem quando você pensa construtivamente.

4) Ao enxugar-se, articule as seguintes palavras em voz alta: "Posso fazer o que quiser por intermédio do Poder Supremo que me dá forças."

5) Ao sair e fechar a porta de casa, visualize uma luz branca envolvendo-a por inteiro, qual barreira protetora contra o mal. Isso é bem mais eficiente que um alarme contra ladrões!

6) Ao dar a partida no carro, visualize uma redoma branca envolvendo-o. Nenhum dano romperá essa redoma. Nenhum outro carro baterá no seu. Você e o carro estão completamente seguros. Em seguida, imagine essa luz branca penetrando, como uma névoa, todas as partes do automóvel, garantindo-lhe um perfeito funcionamento.

7) Enquanto dirige, diga bem alto e com gosto: "Sinto-me MARAVILHOSO!" Repita a frase várias vezes, até sentir o entusiasmo percorrer-lhe as veias.

8) Dê "bom-dia" às células do seu corpo. Toque uma música agradável para elas, pois isso as estimula. Começando pelos pés, desloque sua atenção para cima, ao longo do corpo, abençoando cada célula, cada órgão. Sinta a força vital subindo e saindo pelo alto da sua cabeça. Respire fundo.

9) Declare: "As novas células que vão nascer neste corpo durante as próximas vinte e quatro horas serão perfeitas — ainda que as que vierem a substituir tenham sido *doentes* de alguma forma. As novas serão perfeitas. Assim é!"

10) "Afirmo que se houver alguma sombra no meu corpo etérico que possa manifestar-se adversamente no meu corpo físico, essa sombra está eliminada. Assim seja!"

Pratique isso diariamente... e chegará ao escritório renovado, com novas energias, pronto a *ter um bom dia!*

Capítulo 25

Afirmações para a manhã

Desde que o capítulo precedente, "Dez maneiras de ter um grande dia!", foi publicado pela primeira vez na circular da Spiritual Frontiers Fellowship, muitas pessoas me contaram que o colaram no espelho do banheiro. Um dia destes, alguém me perguntou: "E você, o que tem colado no espelho do *seu* banheiro?"

É uma boa pergunta. Tenho mesmo alguma coisa colada na parte interna da porta do armário do banheiro. As afirmações fazem parte da minha rotina matinal, enquanto me barbeio.

O texto é extraído de um artigo do dr. Donald Curtis, publicado na revista *Science of Mind*.[5] Recomendo-o, em especial, para quem esteja no mundo dos negócios.

> Hoje, avançarei serenamente em direção à aventura da vida. Estou estuante de inspiração e entusiasmo.

5. Os leitores interessados em assinar a revista *Science of Mind* podem escrever para Box 75127, Los Angeles, 90075.

Sinto-me guiado e protegido pela Inteligência Infinita, que expresso em tudo o que faço ou digo. Projeto confiança e autoridade. Estou seguro de mim em qualquer situação. Tenho forças e energia para ser o que sou e fazer o que preciso fazer.

Declare isso em voz alta todas as manhãs e essas palavras, tornando-se parte de sua consciência, conduzi-lo-ão ao longo do dia.

Capítulo 26

Afirmações para a noite

Já discutimos os exercícios de visualização a serem feitos na cama, antes de dormir.

Peça então ao seu Eu Superior para guiá-lo através dos sonhos rumo à solução dos problemas que tiver. Ao acordar, tenha sempre à mão papel e lápis para registrar imediatamente os sonhos. Se não os compreender, peça esclarecimentos na noite seguinte e a mensagem lhe será transmitida de outra maneira.

Agora relaxe. Como disse Ralph Waldo Emerson, "Encerre o dia e esqueça-o. Você fez o que pôde. Alguns absurdos e equívocos ocorreram, sem dúvida: esqueça-os o mais depressa que puder. Amanhã será um outro dia. Comece-o bem, serenamente e com espírito elevado o bastante para superar suas tolices anteriores".

Gosto de encerrar o meu dia dizendo para mim mesmo, ao apagar a luz, a encantadora prece de Gene Emmet Clark:

"Meu sono, se Deus quiser, será tranqüilo. Esqueço-me de mim, de tudo o que me cerca, e deixo que o sono profundo desta noite apague todas as feridas, todas as condenações.

"O sono cura. E, enquanto durmo, há uma reunião e comunhão dos melhores recursos, não só do corpo, mas também da mente, da vida e do espírito. Amanhã despertarei descansado e enfrentarei o dia com energia, competência e jovialidade!"

Capítulo 27

Leituras recomendadas

Há uns poucos meses, estando eu conduzindo um seminário num retiro da Spiritual Frontiers Fellowship, alguém me perguntou: "De que livro você retirou todas as suas idéias? Eu gostaria de comprá-lo."

Tive de explicar que não existe um livro contendo todos os princípios que eu estava discutindo. Por outro lado, não há nenhuma Verdade nova — apenas novas versões de uma mesma Verdade. Não há nada de novo neste livro que o leitor tem em mãos. Não fui eu quem criou essas idéias. Li muito durante mais de cinqüenta anos e tive a sorte de aprender com pessoas que foram meus mestres ao longo da vida. No entanto, posso asseverar que cada princípio aqui contido foi testado e aplicado com sucesso por mim. Posso tranqüilamente *garantir que esses princípios funcionam; funcionaram para mim e funcionarão para você.*

Senti a necessidade íntima de passá-los adiante. De fato, é uma lei espiritual o dever de comunicar o que se aprende. De outra forma, seria como entregar a alguém uma vela num quarto escuro — e assoprá-la! De forma que, prezado leitor, passo-lhe a vela...

Eis aqui alguns dos livros que achei úteis e por isso recomendo:

The Secret Path, Paul Brunton (Mountainvue Publications, distribuído por Samuel Weiser, Inc., York Beach, ME). Um guia fácil de meditação, já clássico, maravilhosamente escrito. [*O caminho Secreto,* Editora Pensamento, São Paulo, 1972.]

The Power of Positive Thinking, dr. Norman Vincent Peale (Prentice-Hall, Inc., Englewood Cliffs, NJ). O patriarca de todos os livros sobre pensamento positivo, tendo vendido mais de quatro milhões de exemplares. Continua fértil em idéias valiosas. [*O Poder do Pensamento Positivo*, Editora Cultrix, São Paulo, 1983.]

*Emerson's Essays (*Harper and Row, NY). O próprio gênio espiritual da América.

The Power of Decision, dr. Raymond Charles Barker (Dodd, Mead & Co., NY). O conhecidíssimo ministro da Science of Mind oferece conselhos de senso comum para ajudar as pessoas a esclarecer o pensamento e tomar decisões acertadas.

Christian Victory Instruction, dr. W. Frederic Keeler (Willing Publishing Co., San Gabriel, CA). Bem mais amplo do que o título indica, trata-se de excelente tratado sobre o domínio da mente.

The secret of Instantaneous Healing, Harry Douglas Smith (Parker Publishing Co., West Nyack, NY). Se pensamentos deletérios nos tornam doentes, devemos mudar os hábitos para recuperar a saúde. O melhor livro e o mais prático que já li sobre o assunto.

Don't Just Stand There — Live!, dr. G. Eric Pace (Harper & Row, NY). Esse ministro extremamente popular escreve de maneira divertida sobre as aplicações da lei da mente.

Food, Mind and Mood, Michael Schachter, M.D., e David Scheinkin, M.D. (Warner Books, NY). Um guia informativo para a medicina e a nutrição holística. Somos o que comemos!

Numerology and the Divine Triangle, Faith Javane e Dusty Bunker (Para Research, Rockport, MA). Aprecio esse livro, não apenas pelo que me ensinou a respeito de numerologia, ciência que considero muito prática, mas também pela sua riqueza espiritual. Recomendo ainda todos os livros posteriores de Bunker, pela mesma editora. [*A Numerologia e o Triângulo Divino*, Editora Pensamento, São Paulo, 1993.]

Sybil Leek's Astrological Guide, Sybil Leek (Prentice Hall, Inc., Englewood Cliffs, NJ). Uma análise dos signos do zodíaco e sua aplicação aos diversos aspectos da nossa vida.

The Practice of the Presence of God, irmão Lawrence (Peter Pauper Press, Mount Vernon, NY). Esse clássico duradouro do mongezinho continua útil.

Eu poderia citar muitos outros livros que me proporcionaram instrução e passatempo ao longo dos anos, mas creio que a seleção dada pode constituir um bom começo para qualquer um. Gostei muito de esmiuçar minhas prateleiras e apanhá-los!

EPÍLOGO

Chegamos agora ao fim do livro. Nele tentei descrever e explicar, da maneira mais simples possível, os princípios mentais que estão à disposição de todos para viverem uma vida plenamente *significativa*. Agindo assim, assumimos o controle de nossas vidas e atingimos novos níveis de felicidade, de sucesso e de prosperidade. Esses princípios funcionaram para mim. Podem funcionar também para *você*.

Mais que isso, poderão transformar sua vida, de um vaguear sem objetivo, numa excitante aventura. Eis o desafio.

Poderão, ainda, abrir-nos o caminho para uma busca ainda mais elevada, a busca espiritual para a qual nascemos: a nossa reunião com Aquilo que nos criou, a nossa associação com a Divina Centelha que existe dentro de cada um de nós, com o que passaremos a ver a vida do ponto mais alto possível.

Para Você, que leu estas linhas, o MELHOR!

O PODER DO PENSAMENTO POSITIVO

NORMAN VINCENT PEALE

Eis alguns capítulos deste livro: *Tenha Confiança em Si Mesmo — O Espírito Tranqüilo Gera Energias — Como ter Constante Energia — Recorra ao Poder da Oração — Como Criar a Sua Própria Felicidade — Acabe com a Exaltação e Agitação — Espere Sempre o Melhor e Consiga-o — Não Acredito em Fracassos — Como acabar com as Preocupações — Como Solver os Problemas Pessoais — Como Empregar a Fé na Cura — Quando a Vitalidade Estiver em Declínio, Experimente esta Fórmula de Saúde — O Influxo de Novos Pensamentos Poderá Fazer de Você um Novo Homem — Acalme-se para que Possa Adquirir Facilmente Novas Fôrças — Como Fazer as Pessoas Gostarem de Você — Receita para a Amargura — Como Recorrer ao Poder Supremo — Epílogo.*

Norman Vincent Peale é professor do "New York's Marble Collegiate Church", de Nova Iorque. Considerado na América do Norte como o ministro dos "milhões de ouvintes" e como doutor em "terapêutica espiritual", tornou-se popular através de sua colaboração na imprensa, rádio e televisão e pelos admiráveis volumes em que vem reunindo o melhor de sua constante pregação, particularmente aquela que desde 1937 mantém num dos mais ouvidos programas radiofônicos dos Estados Unidos. Milhares de consultas chegam-lhe diariamente de todos os recantos do mundo. E milhões de pessoas já lhe agradeceram os conselhos e sugestões que as levaram a reencontrar a felicidade perdida.

★

EDITORA CULTRIX

VIVER COMO PESSOA

O verdadeiro sentido da vida

Darío Lostado

Darío Lostado é um dos grandes fenômenos atuais na arte da comunicação. Suas mensagens, quer nas palestras que faz por toda a parte, quer na série de livros que vem escrevendo e que estão sendo traduzidos em várias línguas, encontram eco em todos os que, numa atitude receptiva, se identificam com o modo como o autor desenvolve temas de grande profundidade num estilo caracterizado, ao mesmo tempo, por sua clareza e simplicidade. *Viver Como Pessoa* é o primeiro da série de seus livros que a Editora Pensamento começa a divulgar no Brasil.

Segundo o autor, na escola da vida, uma das disciplinas mais importantes é a de aprender a ser pessoa em todos os momentos e em todas as circunstâncias. A vida prática de cada dia se encarrega de nos submeter a um exame diário nessa matéria, aparentemente fácil, mas que exige todo o empenho de quantos realmente pretendem ser alguém. É dessa "aprovação" que depende o bom andamento de nossas vidas e, conseqüentemente, do mundo em que vivemos.

Abordando esses temas, Darío Lostado discorre sobre o sentido da vida propondo pontos de reflexão para que o leitor tire suas próprias conclusões e descubra na prática o que significa *viver como pessoa*.

* * *

Livros de Darío Lostado publicados pela Editora Pensamento:

A Alegria de Ser Você Mesmo
Somos Amor
Antes de Tudo Amar
Rumo à Verdade de Você Mesmo
Mas a Minha Voz me Diz...

EDITORA PENSAMENTO

ALEGRIA E TRIUNFO

Eis um livro que apresenta verdadeiras receitas contra a angústia, o medo, a incerteza, a falta de confiança própria e outros obstáculos que, somados, resultam no "atraso de vida".

Nele não encontrará o leitor nenhum ritual cabalístico ou fórmula misteriosa, de difícil enunciação, mas simplesmente os meios de despertar em seu íntimo as poderosas forças do Eu Superior ou seu Cristo Interno.

Com efeito, desde a leitura de suas primeiras páginas, sentimo-nos animados daquela *fé dinâmica*, que tantos prodígios tem realizado no mundo.

Fugindo ao processo adotado pela maioria dos tratadistas da matéria em questão, o autor procurou demonstrar como devemos aplicar a Fé em nossa vida prática, citando centenas de animadores exemplos, em que a alegria e o triunfo voltaram a brilhar na vida dos desesperados e necessitados.

"O vosso Eu Sou, ou Cristo Interno, é o vosso deus pessoal ou a partícula divina em vós, *a qual tem todas as qualidades de Deus e todos os poderes para realizar as vossas aspirações*, desde que não sejam prejudiciais às dos outros."

Baseados neste princípio citado pelo autor, repetindo as *afirmações especiais* oferecidas para casos de urgência, sentimos tamanha convicção da existência do *poder interno* que possuímos, que dificilmente voltaremos a ser dominados pelos nossos piores inimigos: a angústia, o ódio, o ressentimento, o temor das dívidas e outras torturas que, em geral, acabrunham a maior parte da Humanidade.

Como os pensamentos negativos abatem o nosso sistema nervoso, prejudicando a nossa saúde física e moral, notarão os que seguirem os conselhos e os contagiantes exemplos apontados no livro que, ao cabo de pouco tempo, estarão com boa disposição mental e saúde normal.

"*É vontade de Deus que prospereis e vivais na abundância de tudo o que é bom e desejável.*"

Ora, mantendo viva essa afirmação em nosso espírito, fortalecemos o nosso subconsciente e passamos a repelir a idéia de que viemos a este mundo para cumprirmos uma "provação" de miséria, fome, pobreza. . .

Deus nos vê como seres perfeitos, *criados à sua imagem e semelhança*, possuindo poder e domínio.

Essa é a perfeita idéia de nossa entidade, registrada na Mente Divina, à espera do nosso reconhecimento, pois só poderemos manifestar o que a nossa mente puder ver que somos e alcançarmos *aquilo que ela nos vê alcançando*.

Portanto, mediante a disciplina da imaginação e os esplendores da Fé Dinâmica, tão bem apresentada neste livro, terá o leitor a chave da sua alegria e seu triunfo!

Ilustrado com inúmeros exemplos de difíceis problemas, que encontraram rápida solução *através da força interna que possuímos*, o livro apresenta ao leitor muitos casos que lhe dizem respeito, como também aos seus familiares e amigos, apontando-lhes uma saída salvadora.

É o que a todos desejamos, para que doravante possam viver com alegria e triunfo!

EDITORA PENSAMENTO

COMO SUPERAR NOSSAS BARREIRAS

Psicologia Prática Esotérica

Will Parfitt

Não podemos caminhar através das paredes, mas podemos atravessar as barreiras emocionais que construímos à nossa volta e dentro de nós mesmos.

Como Superar Nossas Barreiras apresenta uma nova visão da psicologia esotérica, embora tenha suas raízes solidamente fincadas na verdadeira tradição dos mistérios ocidentais. Este é um livro que poderá ajudar cada um de nós a assumir o processo de autotransformação e a tornar-nos donos do nosso destino.

Lendo-o, não só aprenderemos como superar nossas barreiras internas, como também iremos gostar do processo aqui visualizado. O autor apresenta uma descrição clara e abrangente das diferentes dimensões da consciência em que vivemos. Ao entrar em contato consciente com essas dimensões e ao experimentá-las, o significado da nossa vida torna-se mais claro e teremos feito grandes progressos na jornada pessoal de busca interior.

EDITORA CULTRIX

COMO SUPERAR O STRESS
TREINAMENTO AUTÓGENO

Dr. Hannes Lindemann

O Treinamento Autógeno ajuda o homem moderno a manter o equilíbrio físico e espiritual ou a recuperá-lo. O uso de fórmulas de auto-sugestão ajuda a esquecer a ansiedade e a pressa da vida cotidiana. Os exercícios básicos desse treinamento, junto com as fórmulas propostas pelo Autor, levam a resultados surpreendentes: aumentam a capacidade de concentração, eliminam o nervosismo e as doenças psicossomáticas, tais como as úlceras, a asma e distúrbios sexuais. Além disso, consegue-se uma nítida melhora nos casos de comportamentos compulsivos, de hipocondria, de medo e de depressão.

Quem fizer regularmente os exercícios propostos neste livro notará um aumento no bem-estar físico, no equilíbrio interior e no rendimento no trabalho. Os exercícios, organizados justamente para as pessoas que não têm tempo ou não podem freqüentar cursos especializados, são descritos de forma simples e fácil, e as fórmulas apresentadas tiveram seus resultados práticos comprovados.

* * *

O autor, Dr. Hannes Lindemann, estudou medicina esportiva nas cidades de Posen, Marburgo e Hamburgo. Na juventude, ficou mundialmente conhecido por ter feito a travessia do Oceano num barco de lona, o menor de que se tem notícia nessas competições. As situações perigosas que teve de enfrentar, nessa e em outras ocasiões, só foram superadas graças à ajuda do Treinamento Autógeno. Seus conhecimentos sobre o tema "como sobreviver em situações de perigo" estão registrados nos vários livros que escreveu, todos de grande repercussão em todo o mundo.

EDITORA CULTRIX

COMO SUPERAR O MEDO

SUSAN JEFFERS, Ph.D.

O que poderá estar impedindo você, neste instante, de ser a pessoa que você quer ser, vivendo a sua vida do jeito que você quer vivê-la?

O medo pode estar por trás de todas as respostas que venha a dar. Quer esteja ligado ao trabalho, aos relacionamentos, ao dinheiro, ou simplesmente à vida em geral, o medo poderá impedi-lo de fazer o que realmente quer e precisa fazer para crescer e sentir-se bem consigo mesmo. Quando impedido pelo medo, seus sentimentos tornam-se confusos, a dúvida se instala, assim como a frustração, a raiva e o desespero. Mas nada tem de ser assim.

Em *Como Superar o Medo*, a dra. Susan Jeffers convida-o a assumir o caminho da reaprendizagem para se libertar do tipo de atitude mental que automaticamente o impede de ultrapassar a barreira criada pelo medo. Com compreensão e bom humor ela mostra como é possível sentir medo e enfrentá-lo assim mesmo e, em seguida, sentir-se dotado com o tipo de energia que você experimenta quando está alegre, criativo, amoroso e generoso.

Baseados nas palestras e aulas inovadoras da dra. Jeffers, os conceitos e técnicas apresentados neste livro já inspiram milhares de pessoas a transformar a raiva em amor e a indecisão em ação.

EDITORA CULTRIX